KB141522

반드시 읽어야 할

# 사회학 베스트 30

SHAKAIGAKU NO MEICHO 30 by Yo Takeuchi

# 반드시 읽어야 할
# 사회학 베스트 30

**1판 2쇄 발행**  2023년 10월 15일

**지은이** 다케우치 요우  **옮긴이** 윤경희
**발행인** 조상현
**마케팅** 조정빈  **편집인** 정지현  **디자인** 페이퍼컷 장상호

**발행처** 더디퍼런스
**등록번호** 제2018-000177호
**주소** 경기도 고양시 덕양구 큰골길 33-170(오금동)
**문의** 02-712-7927  **팩스** 02-6974-1237
**이메일** thedibooks@naver.com  **홈페이지** www.thedifference.co.kr

ISBN  979-11-6125-378-7  03300

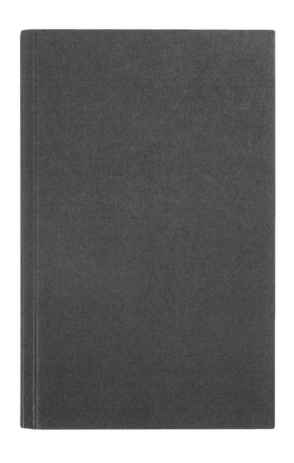

반드시 읽어야 할
# 사회학 베스트 30

다케우치 요우 지음    윤경희 옮김    더 디퍼런스

## 들어가며
## 해설서를 권함

흔히 "고전과 명저를 많이 읽으십시오"라고들 말한다. 맞는 말이다. 그러나 권하는 대로 도전해서 읽다가 도중에 좌절하는 입문자가 적지 않다. 직설적인 문체, 논리의 복잡함과 난해함에 압도되어 좌절하기도 하지만 또 다른 이유도 있다. 시대적 배경이 오래전인 데다가 내용도 멀리 떨어진 다른 나라의 이야기로 가득 차 있기 때문에 배경지식이 없으면 글에 나오는 인물과 사건 하나하나에 발목이 잡히기 때문이다.

여기에 입문자가 독서에 익숙지 않은 사람이라면, '적혀 있는 모든 것을 이해해야 돼'라는 완벽주의 성향까지 더해져 좌절을 부추긴다. 섣부르게 시작한 고전, 명저는 쉽게 좌절할 위험에 노출되어 있다. 좌절이 트라우마가 되어 결국 고전과 명저를 영원히 싫어하게 되는 경우도 많이 볼 수 있다.

이것은 다른 사람의 이야기가 아니다. 필자 역시 대학 1학년 때 이런 경험을 했다. 마르크스Karl Heinrich Marx, 베버Maximilian Weber와 동시대인이었던 독일의 사회학자 퇴니에스Ferdinand

Julius Tönies의『게마인샤프트와 게젤샤프트Gemeinschaft and Gesellschaft』의 번역서를 읽었는데, 3분의 1도 채 읽지 못한 상태에서 더 이상 책을 펼치는 것조차도 싫어졌다. 그러면서 떠오르는 생각이 '나는 머리가 나쁜가?'였다. 그 이후부터 고전이나 명저라는 건 어렵기만 하고 재미는 하나도 없는 것이란 생각이 자리 잡았다. 지금 돌이켜 생각해 보면『게마인샤프트와 게젤샤프트』는 결코 어려운 해설서가 아니었건만, 그땐 마르크스와 베버도 잘 알지 못했고 당시 독일 사회에 관한 지식도 없는 상태였기 때문에 책을 덮어버리면서도 마음 한편으로는 '어쩔 수 없지 뭐' 하는 생각도 있었다. 그런데 만일 그 상태에서 멈추고 말았다면 필자야말로 '즐거운 지식'[1]의 경지와는 전혀 인연이 없는, 그야말로 서글픈 존재가 되었을지도 모른다.

『게마인샤프트와 게젤샤프트』에 좌절한 지 얼마 후에 파펜하임

---

1   니체(Friedrich Wilhelm Nietzsche)의 대표 저서『즐거운 지식』을 인용한 것.

Fritz Pappenheim의 『현대인의 소외The Alienation of Modern Man』[2]를 읽고 나자 마치 안개가 걷히는 것 같았다. 『현대인의 소외』는 '인간 소외'를 키워드로 짐멜Georg Simmel과 마르크스 그리고 퇴니에스의 이론을 비교하는 책이었다. 그 속에는 퇴니에스가 마르크스의 주장을 높이 평가했다는 일화도 함께 담겨 있었다. 다시 말해 고전을 동시대의 사상이나 이론과 비교하면서 해설하는 형식이었다. 『현대인의 소외』를 읽은 뒤 내팽개쳐 두었던 퇴니에스의 책을 다시 읽었는데 예전과는 달리 매우 재미있었다.

하지만 세상의 학자들 중에는 "해설서는 안 된다, 원서(번역을 포함해서)를 읽어야 한다"는 원서주의를 주장하는 사람이 많다. 물론 해설서는 어디까지나 원서의 해설이고 입문이다. 그런 의미로 원서를 읽는 것에 필적할 만한 것은 없다. 하지만 대부분의 평범한

---

2  한글판 『현대인의 소외』, 1978, 문예출판사.

사람들이 갑자기 원서를 읽기에는 장애물이 너무도 많다. 그러므로 해설서나 입문서로 가볍게 트레이닝한 뒤에 원서로 진행하는 것이 당연한 순서라고 생각한다.

또 해설서는 이제 막 입문한 사람만을 위해 있는 것도 아니다. 의외로 중급·상급자도 충분히 즐길 수 있다. 원서를 읽은 뒤에 해설서를 읽으면 '이렇게 읽을 수도 있구나!'라든지, 혹은 여러 사람이 모여 원서를 함께 읽고 연구하는 모임에 참가한 듯한 느낌도 가질 수 있다. 필자도 베버나 에밀 뒤르켐Emile Durkheim 등의 책을 읽은 다음에 종종 해설서를 읽었는데 미처 깨닫지 못한 무지가 한 꺼풀 벗겨지는 것 같았다.

물론 모든 해설서가 지금까지 말한 효과를 충분이 갖고 있는 것은 아니므로 자신에게 맞는 좋은 해설서를 선택하는 것이 대단히 중요하다.

이 책은 이런 경험으로 고생했던 필자의 옛날 일을 되돌아보면서 사회학의 필독서 중 30권을 골라 해설을 담은 것이다. 무엇이 필독서인가에 관해서는 어느 정도 일치된 의견이 있기는 하다. 하지만 사람에 따라 다르다는 것 또한 맞는 말이다.

30권을 선정하면서 세상의 평판도 고려했지만 최종적으로는 필자 자신의 흥미를 우선으로 삼았다. 아무리 세상에서 높은 평가를 받고 있다 해도 필자가 재미있게 읽은 경험이 없으면 독자에게 그 책의 재미를 전달할 수 없기 때문이다. 이 책들 외에도 필자가 사회학의 필독서라고 생각하는 책은 더 많았지만, 30권으로 제한하느라 눈물을 머금으며 몇몇을 빼기도 했다.

또 원문(번역)을 인용한 부분도 있으므로 그 부분만 읽어봐도 좋을 것이다. 이 책이 고전이나 명저를 읽어보고 싶다는 동기를 주거나, 예전에 읽었던 '그' 책을 다시 한 번 읽어보고 싶게 만드는 촉매가 된다면 해설자로서는 더할 나위 없는 기쁨일 것이다.

## 3장 대중사회·소비사회·미디어사회

## 4장  이데올로기·문화·사회의식

## 5장 행위와 의미

## 6장 현대사회와의 격투

7장  학문의 사회학

피터 버거

랜달 콜린스

에밀 뒤르켐

게오르그 짐멜

# 1

사회학은
재미있다?

# 사회학에의 초대

Invitation to Sociology: A Humanistic Perspective （1963）[1]

: 인생이 희극의 한 장면이라 해도

## 베테랑 사회학자가 신명나게 쓴 입문서

1942년에 지방에서 태어난 필자는 고등학생이 돼서야 겨우 햄버거란 것을 먹어봤다. 시골의 한 음식점이었는데 고기는 말할 것도 없었고, 조미료의 배합이 잘못되었던지 정말로 맛이 없었다. 반도 못 먹고 남겨버렸다. 그 후부터 햄버거는 맛없다는 생각이 자리 잡았다. 그 맛없던 햄버거에 대한 경험을 학문의 입문서와도 연관 지어 말할 수 있을 것이다.

맨 처음에 맛없는 입문서로 시작하면 그 이후부터 그 분야의 학

---

1 한글판 『사회학에의 초대』, 1996, 문예출판사

# 1

**피터 버거**

Peter L. Berger, 1929~2017   오스트리아 출신의 미국 사회학자.

『사회학에의 초대』는 베테랑 사회학자가 쓴 사회학 입문서의 백미이다.


문에는 쉽게 흥미가 생기지 않는다. '입문'은커녕 혐오하고 거부하게 된다. 그러므로 사회학뿐만이 아니라 여러 학문이 갖고 있는 그 고유한 감촉을 제대로 느끼고 싶다면 좋은 입문서를 만나야 한다. 이것이 가장 중요하다.

　서점의 사회학 코너에 가보면 알겠지만 입문서는 넘치고 넘친다. 그 많은 입문서가 전부 맛이 없다고는 할 수 없지만 군침 도는 입문서는 별로 없다. 필자 역시 학생 때 몇 권 정도 사회학 입문서를 읽었고, 대학 교수가 되고 나서는 교양과목으로 사회학을 가르칠 때 교과서로 쓰기도 했다. 하지만 그 입문서를 통해 사회학에 재미를 느꼈을까? 전혀 그렇지 않다. 특히 국내에 출간된 사회학 입문서는 단독 집필이 아니라 여러 사람이 함께 쓴 경우가 많기 때문에 각 장마다 문체도 달랐고 접근 방식도 달랐다. 초보자가 만든 칵테일을 마셨을 때처럼 머릿속이 빙빙 돌기도 했다.

그때 한 친구가 "이렇게 재미있는 입문서는 처음 본다"며 펠리컨북스[2]의 원서를 소개해 줬다. 200쪽 분량의 얇은 책이었는데 단숨에 읽어버렸다.

계급이나 가족 같은 구체적인 문제를 여러 장으로 나눠 다루는 대부분의 입문서와는 형식부터가 달랐고, 오히려 이 점이 이 책의 특징이자 묘미였다. 사회학이란 어떤 접근 방식을 말하는지, 사회학적 통찰을 한다는 것이 어떤 의미인지에 관해 유머와 재치를 가득 담아 그 뜻을 전달하는 훌륭한 문체가 좋았다. 베테랑 사회학자가 신명나게 쓴 입문서였다.


## 세상은 겉으로 보이는 것이 전부가 아니다

저자는 이렇게 말하고 있다. "만일 그 아카데믹한 간판이 없다면, 사회학자는 틀림없이 가십에나 열중하며, 열쇠구멍을 살짝 들여다보고, 타인의 편지를 읽으며, 서랍을 열어보려는 마음을 주체하지 못하는 인물에 불과하다."

---

2  영국의 저렴한 문고판. 주로 교양과 과학 지식을 다루고 있다.

지나친 표현이기는 하지만 사회학적 호기심을 단적으로 표현하고 있다. 사회학적 호기심은 소문과 가십에 열광하는 것과 같다고 말이다. 하지만 샤덴프로이트schadenfreude[3]를 동기로 하는 타인 엿보기 취미를 말하는 것은 아니다. 공식적인 견해와 표명의 배후에 있는 구조를 깨달으면 '세상은 겉으로 보이는 것이 전부가 아니다'처럼 확 달라지는 현실감을 맛보는 지적 흥분인 것이다. 그러므로 사회학은 먼 다른 나라의 기묘한 습속을 발견하는 문화인류학처럼 전혀 보지도 듣지도 못한 것과 맞닥뜨렸을 때 일어나는 그런 흥분이 아니다.

> 사회학자가 많은 시간을 들여 활동하는 곳은, 자신에게도 그리고 사회 대부분의 사람들에게도 이미 익숙한 경험의 세계이다. (중략) 이것은 전혀 본 적도 없는 것과 마주쳤을 때 일어나는 흥분이 아니라 이미 익숙한 것의 의미가 변형되는 것을 알았을 때의 흥분이다. 사회학은 지금까지의 삶을 통해 거쳐온 세계를 사회학의 시야로 다시 바라볼 수 있게 해준다는 점에서 매력적이다. 또 동시에 의식도 바뀐다. 이 바뀐 의식은 다른 많은 학문 분야에서 경험하는 것보

---

3  타인의 불행은 꿀맛과 같아 남의 불행을 고소하게 여긴다는 의미이다. 독일어가 원형이지만 영어권에서도 쓰인다.

다도 인간 존재에 있어서 그 의미가 크다. 왜냐하면 사회학에 의한 의식 변용變容은 그것을 받아들인 개인의 정신 전체에 영향을 미치기 때문이다.

그러므로 사회란 거창할 것 하나 없이 평소 학교에서 배우는 게 다라고 생각하는 사람이나 그렇게 생각하고 싶은 사람, 자신이 하고 있는 것에 대해 의심을 품고 싶지 않은 사람에게 사회학은 그리 유쾌한 학문이 아니다. 오히려 그들은 사회학과 거리를 두는 편이 좋을 것이다. 농담이나 개그를 무례하다고 받아들이는 사람에게 사회학은 어울리지 않는다.

대학원생이던 시절에 PTA의 이념을 석사논문에 쓰려고 했던 학생이 있었다. 세미나가 끝난 후, 필자가 존경하던 히메오카 츠토무姬岡勤 선생님('18. 히메오카 츠토무『가족사회학론집』참조)은 이렇게 말했다.

"PTA에서 활동하고 있는 사람들은 진정 이념으로 활동하고 있는 것일까? 실제 메커니즘을 연구하지 않으면⋯⋯."

선생님은 이념, 즉 공식적 견해 그 자체의 연구를 부정했던 건 아니지만, 그것만을 연구하는 것은 사회학적 연구가 아님을 슬며시 지적한 것이다. 사회구조의 공식적 해석이라는 파사드façade[4]의 배후에 있는 현실 구조를 꿰뚫는 것이 사회학이라고 말하고 싶었던 것이다.

디시 책으로 돌이와, 사회학적 시각올 살펴보자. 예를 들이, 연애결혼 같은 것 말이다. 그렇게 결혼한 사람들은 사랑이 언제 어디서나 불타올라 저항할 수 없는 감정이었기에 결혼했다고들 말한다. 하지만 이런 파사드는 제쳐두고 실제 결혼을 조사해 보면 연애결혼은 계급과 소득, 학력, 인종적·종교적 배경의 회로 속에서 일어나고 있었다. 결혼식장에서 사회자가 '이들은 열렬하게 연애한 끝에 결혼한 커플'이라고 소개할 때도 대부분의 경우는 계급과 학력이 비슷한 사람들끼리인 것이다.

> 큐피드가 눈 깜박할 사이에 쏜 화살은 (중략) 매우 정확하게 정해진 길을 날아간다.

좋아하니까 결혼하고 싶다고 생각하는 것 자체도 우리가 얼마나 사회에 각인된 존재인가를 여실히 드러내고 있다. 제도(결혼)가 우리의 감정에 둥지를 틀고 있기 때문이다.

일반적으로 사회와 개인은 구속(사회)과 자유(개인)로 이항 대립되어 있다. 그리고 사회는 벌칙과 포상 같은 제재를 통해 개인이 사회질서를 지키도록 하고 있다. 이것이 바로 사회통제의 메커니

---

4   내부 장식 등과는 상관없이 건물의 주 출입구 주변을 중심으로 한 정면. 여기서는 외견, 겉보기를 일컫는다.

즘이다. 사회는 우리 밖에 있고, 우리를 그 속에 깊숙이 가둬버리지만, 결혼이라는 제도가 우리의 감정 속에 자리 잡고 있듯이 우리 속에도 사회가 자리 잡고 있다. 다른 예로, 양심은 사회의 내면화이다. 우리는 사회에 수용된 죄수인 동시에 끊임없이 사회를 만들어낸다. 이 말은 확실히 사회가 우리의 피부 표면에 붙어 있는 것은 아니라는 의미이다.

'세상은 겉으로 보이는 것이 전부가 아니다'라고 말하는 사회학은 현실의 폭로, 체제 파헤치기, 상대화로 구성된다. 그러므로 사회학을 배운 사람은 보수적 운동 측에도, 그리고 혁명운동 측에도 꽤 까다로운 상대이다. 전자의 경우 현상 유지의 이데올로기를 금방 받아들이지 않기 때문이고, 후자의 경우에는 혁명가들이 이데올로기의 원천으로 삼고 있는 유토피아적 신화에 회의적이기 때문이다.


## 인생은 본래 희극임을 인지하면서

'그렇다면 사회학은 냉소가를 만들기 위한 음울한 학문인가?'라는 불만과 걱정이 생길 것이다. 사회학 독약론 말이다. 하지만 저자는 사회학적 이해는 인간의 행위를 '사회적 카니발이라 보는 희극적 감각'이고, 이런 감각은 살아가는 데 있어서 효과 좋은 각성

제임을 강조한다. 후크자와 유키치福澤諭吉의 "인생은 본래 희극임을 알면서 그 한 장면의 희극을 희극으로 삼지 말고 성실하게 사는 것이 중요하다"[5]라는 말과도 근본적으로 상통한다.

버거는 이렇게 말한다.

> (사회학을 배움으로써) 아주 조금이라도 편견에서 벗어나 스스로가 행하는 사회적 관여에 조금 더 신중해지고 주의하며, 타인의 사회적 관여에 대해서도 보다 회의적으로 바뀔 것이다. 그 덕분에 사회를 여행하는 중에 타인에 대한 공감이 아주 조금이나마 깊어질지도 모른다.

여기서 버거의 '아주 조금'이라든지 '일지도 모른다'라고 말하는 부분이 어찌나 사회학자다운지 모르겠다. 절대와 단정만큼 사회학과 거리가 먼 것은 없기 때문이다.

이 책이 말하고 있는 사회학적 관점(현실의 폭로·체제 파헤치기·상대화)은 근대사회를 살아가는 사람들의 의식이기도 하다. 이러한 의식을 그냥 놔두면 단순히 냉소가가 될 뿐이며 곧 독약이 된다. 하지만 버거는 사회학을 배움으로써 이러한 '근원적' 사회학 의식을 갈고닦으면 독약을 각성제로 바꿀 수 있다고 강조한다. 이

---

5   후크자와 유키치의 저서 『후크오햐크와(福翁百話)』.

약이 사회학에는 큰 효과가 없을지도 모르지만 그래도 조금이나마 고통을 덜고 인생을 희미하게나마 밝게 만들 수 있다(고 믿고 싶다).

# 상식을 넘어선 사회학

Sociological Insight (1982)[6]

: 사회학이라는 투시술

## 명쾌할 것, 그리고 당연하지 않을 것

이 책의 일본판 역자 이노우에 슌井上 俊(오사카대 명예교수) 씨와
이소베 타쿠죠磯部卓三(오사카시립대 명예교수) 씨는 필자가 대학원
생이었을 때 각각 교토대 문학부 사회학 교실과 교육학부 교육사
회학 교실의 조교였다. 이소베 씨는 같은 교실의 조교였기 때문에
어떤 의미로는 선배 연구원이다. 한편 이노우에 씨는 이소베 씨와
함께 해외문헌연구회를 만들었는데, 필자도 참여할 수 있었다. 참
가자들이 직접 고른 해외의 학술논문을 소개한 뒤 그 논문에 관해

---

6  한글판『상식을 넘어선 사회학』, 2005, 경북대학교출판부.

# 2

**랜달 콜린스**

Randall Collins, 1941~ 미국의 사회학자.

『상식을 넘어선 사회학』은 사회학이 발굴해 낸 핵심 명제의 명석한 해설이다.

스스럼없이 토론하는 모임이었다. 그때 이노우에 씨한테 배운 것은 재미있는가, 아닌가를 감별하는 눈이었다. 이노우에 씨는 종종 다음과 같이 말했고 글로 표현하기도 했다.

"재미있지만 좋은 논문이라 할 수 없는 경우는 있다. 그렇다면 재미없지만 좋은 논문이라 할 수 있는 경우는 있을까……."

문제는 '왜 재미있는가?' 하는 점이다. 앞서 소개한 피터 버거라면 '익숙한 것의 의미가 변용되는 것을 알 때의 흥분' 때문이라 할 테지만 『상식을 넘어선 사회학』은 '왜 사물이 어느 일정한 방법으로 발생되고 다른 방법으로는 발생되지 않는가를 이해'해서 세계에 관한 지식이 넓어지는 '즐거운 행위'가 재미라고 한다.

하지만 사회학의 일반적인 교과서들은 한결같이 진부한 예와

뻔한 설명으로 중요한 물음을 은폐해 버린다. 콜린스는 이것을 사회학 교과서의 '악벽'이라고까지 표현하고 있다. 그러므로 어떤 학문이든지 다음의 두 가지를 추구해야 한다. 명쾌할 것, 그리고 당연하지 않을 것.

콜린스는 이 책을 통해 사회학의 '훌륭하고', '재미있는 부분'을 집약적으로 전달하고자 한다. 인간은 논리적·합리적·이성적이고, 보다 더 그렇게 되기 위해 물리학과 경제학, 심리학을 만들었다. 그러므로 '합리적(논리적·이성적)이지 않다'라는 말은 인간을 폄하하는 표현이다. 그러나 콜린스는 '합리성이 행위나 사회의 존립 기반이라는 말은 그저 신화일 뿐'이라고 설명해 준 것이 사회학의 큰 공적이라고 주장한다. 합리성은 제한된 것이고 일정한 조건하에서만 생기며, 사회의 존립 기반은 논리적 사고와 합리적 협약이 아닌 비합리적인 기반에 있다. 이 책은 "이 점을 명백히 한 것이 사회학이고, 그러한 시점으로 사회를 재조명해 '어느 누구의 눈에도 명백하게 당연하지 않은 것'을 알게 되는 것이 사회학적 투시의 즐거움이다"라고 말하고 있다.


## 합리성의 비합리적 기초

어떻게 보면 합리적인 이해타산에 근거하고 있는 듯 보이지만, 조금민 더 생각해 보면 그렇다고 할 수 없다. 그 예가 바로 절약이다. 절약을 한다면 자동차나 주택처럼 큰 물건을 살 때 해야 할 것이다. 하지만 사람들은 그러한 물건을 살 때보다는 슈퍼마켓에서 통조림을 사면서 겨우 1~2센트 정도를 끈질기게 비교하면서 절약하려 애쓴다. 왜 그럴까? 큰 물건은 아주 가끔 사지만 작은 물건은 거의 매일 산다. 그러므로 큰 물건을 살 때보다는 작은 물건을 살 때 신경 쓰는 편이 '현명하게 물건을 사고 있다'는 느낌을 주기 때문이다. 따지고 계산하는 것은 좋은 것이라는 '상징적' 이해타산인 것이다. 여기서도 합리적 행위라고 보이는 것의 배후에 실제로는 '따지고 계산하는 것'이 아닌 비합리적 '감정'이 숨어 있음을 알 수 있다.

이 책은 이와 같은 일화를 통해 합리적 현상의 배후에 비합리적 감정이 감춰져 있고, 비합리적 감정이 표층인 합리적 현상을 유도한다고 설명한다.

한편 사회를 유지하는 계약은 다음과 같이 설명하고 있다. 따로 떨어져 생활하는 것보다 함께 있을 때 얻는 이득이 많기 때문에 사람은 사회를 만들었다는 합리적 선택론은 쉽게 이해된다. 홉스 Thomas Hobbes의 사회계약설처럼 말이다. 하지만 순수하게 좀 더 합리적으로 생각해 보면 계약을 지키지 않는 편이 더 이득이다. ①상대가 정직하게 행동한다면 속이는 쪽이 이득을 본다. ②상대도 속였다면 나도 속였기 때문에 결국 피장파장이다. 그렇다면 쌍방이 계약을 지켰을 경우는 어떻게 될까? 확실히 이득이긴 하겠지만 ①의 경우만큼 많지는 않다. 그러므로 자기 이익만을 생각한다면 속이는 것이 합리적이라는 결론이 나온다. 하지만 현실에는 '계약'이란 것이 있다. 그럼 어떻게 설명해야 좋을까?

콜린스의 이론은 다음과 같이 진행된다. 계약(제1의 계약이라고 부르자)에는 제2의 숨겨진 계약, 즉 쌍방이 계약을 지킨다는 암묵의 계약이 필요하다. 하지만 이 제2의 계약도 역시 계약이기 때문에 합리성만으로는 지킬 수 없다. 상대방도 제2의 계약을 지킬 것이라는 '확신'에 의해 제2의 계약이 지켜지고 그럼으로써 결국은 제1의 계약도 지켜지기 때문이다. 제1의 계약의 배후에 있는 제2의 계약에 대한 확신이 에밀 뒤르켐이 말하는 '전계약적 연대前契約的 連帶'이다. (제1의) 계약이 지켜지기 위해서는 합리성을 뛰어넘는 신뢰성에 의존할 수밖에 없다. 다시 말해 사회가 잘 돌아가도록 만드는 것은 따지고 계산하는 것이 아니라 이런 종류의 깊은 감정이란 말이다.

여기까지 말하면 사람들은 계약을 지키는 이유가 재판소나 경찰에 의한 제재가 감춰져 있기 때문이라 할지도 모르겠다. 그러나 사실은 재판소나 경찰의 배후에 있는 국가에 의한 제재이다. 국가가 없어지면 재판소도 경찰도 기능을 잃기 때문이다.

역시 국가의 강제력은 계약을 이행시키는 큰 힘인 듯하다. 하지만 이것 역시 순수하게 좀 더 합리적으로 생각해 보면 국가도 다른 조직처럼 뿔뿔이 흩어질 수 있음을 알 수 있다.

어떻게 해서 국가 같은 조직을 만들 수 있었을까? 확실히 개인에게 국가의 강제력은 두려울 만큼 엄청난 힘이다. 그러나 그 강제력은 국가가 존재하는 한에서만 강력하다. 즉 명령을 지키는 계약이 국가를 형성하는 사람과 사람 사이에서 성립될 때에만 강력한 강제력을 가진 국가가 가능하다는 말이다. 그러나 역사적 현실과 지금의 현실을 통해 이 말이 얼마나 허무한지를 알 수 있다. 국가와 군대는 그것을 구성하는 사람들이 스스로를 집단의 일원으로 생각하지 않고, 자신의 이익만을 생각할 때 뿔뿔이 흩어진다. 병사가 허둥지둥 퇴각하는 것은 '뭐니 뭐니 해도 내 몸이 소중해'라고 생각하기 때문이다. 국가에 속하는 사람들이 이렇게 생각할 때 국가는 혁명에 직면한다.

자기 이익이라는 합리적 계산만으로 사람들이 국가에 충성하는 이유를 설명할 수는 없다. 국가가 정당하게 강력하다는 비합리적 신념이 국가라는 독자적인 실체를 만들기 때문이다.

합리성만으로는 행위를 다 설명할 수 없다. 그러므로 사회와 집단은 이러한 비합리적 감정을 만들고 유지하기 위해 다양한 사회적 의례를 창조했다. 이해타산적인 사람이 그리 출세하지 못하는 이유가 바로 이러한 비합리적인 감정을 간과했기 때문이다.

사회와 집단에는 이렇게 깊은 비합리적 감정이 들러붙어 있는데, 신은 이러한(우리의 깊은 비합리적 감정이 부착된) 사회의 상징이다. 신이 사회를 만든 게 아니라 사회를 향해 우리의 감정을 투입하고 반영하여 신으로 표현한 것이다. 범죄도 동일한 관점에서 바라볼 수 있다. 범죄 처벌은 범죄를 억제하기 위해서라기보다는 분노 같은 감정공동체를 구축함으로써 사회적 연대 감정을 환기하려는 의례이다.


## 금언의 보물창고


'합리성의 비합리적 기초'라는 이 책 대부분의 아이디어는 뒤르켐에게서, 그리고 의례론은 뒤르켐과 어빙 고프먼Erving Goffman에게서 왔다. 하지만 필요할 때마다 꺼내볼 수 있게 기록되어 있어서 초보 학자도 이해하기 쉽다. 본문에 나오는 예시는 금언 같은 느낌마저 든다. 예를 들면 이런 식이다.

"어떤 사물의 안 좋은 부분을 고친다는 관점에서 볼 때 자동차 수리공과 의사 중 더 도움 되는 사람을 고르라면 수리공이 훨씬 도움이 된다고 할 것이다. 그렇다고 해서 수리공의 기술이 높이 평가되지는 않는다."

젊은 시절, 우리가 선택한 논문이 재미있는지 없는지 함께 모여 논했던 감별인 두 사람(즉, 역자)이 선택한 책은 역시 재미있었다.

# 자살론

Le suicide: etude de sociologie （1897）[7]

: 사회의 발견 혹은 사회학의 발견

## 사회적 사실의 발견

이 책이 발행된 것은 1897년이다. 그 당시 세상에는 '사회학이라는 학문'에 대한 인식은 거의 없었다. 어떤 학자가 수입서적 판매점을 통해 미국의 사회학자 레스터 워드Lester F. Ward의 『다이내믹 소셜로지Dynamic Sociology』를 구입하려 했다. 당시는 수입서적이라면 허가를 받아야 하는 시절이었기 때문에 당국에 문의했다고 한다. 그런데 돌아온 대답은 "다이너마이트 사회주의? 그런 건 절대 안 돼!"였단다. '사회'라는 단어를 듣기만 해도 사회주의

---

7  한글판 『에밀 뒤르켐의 자살론』, 2019, 청아출판사.

# 3

**에밀 뒤르켐**

Émile Durkheim, 1858~1917  프랑스의 사회학자.

『자살론』은 사회적이 된다는 것의 의미와 작용을 선명하게 제시했다.

가 연상되는 시대였기 때문이라고는 하지만, 이런 어처구니없는 혼동을 일으킬 만큼 사회학의 학문적 존재감은 매우 약했다.

한편 사회학이라는 말의 발원지인 프랑스의 상황은 이와는 전혀 달랐다. 사회학은 점차 유행 학문이 되어 심리학에서 천문학까지 아우르는 종합사회학, 백과사전 사회학이라는 용어가 사용되었다.

뒤르켐은 이 책의 서문에서 이렇게 말하고 있다.

"사회학은 세상의 모든 문제를 향해 손을 내밀고 현란한 일반론을 전개하며 어떤 문제 하나만을 한정적으로 골라 확정적으로 다루지 않는다."

뒤르켐은 처음에 프랑스 대학에서 사회학을 강의했다. 그런 만큼 사회학의 대상인, 무엇이 사회적인 것인지 그리고 그것이 어떻게 작용하는지를 선명하게 증명하기 위해 고군분투했다. 그중에서도 사회를 구성하는 개인에 모든 초점을 집중했다. 왜냐하면 개인이야말로 원래부터 눈에 보이는 존재였고, 사회현상의 원인은 개인에게 있다는 논리만큼 일반인의 귀에 쏙쏙 들어오는 것이 없기 때문이다. 그러나 사회가 개인의 의사와 욕망만 가지고 설명될 수 있는 것이라면 애초부터 사회는 존재하지 않는 것이란 말도 맞는 말이 된다. 사회가 존재하지 않는다면 사회학도 필요치 않다.

그렇다면 사회학 고유의 대상인 '사회적인 것'이란 대체 무엇을 말하는 것일까? 그 답은 뒤르켐이 이 책을 내놓기 2년 전에 선보인 『사회학적 방법의 규칙들The Rules of Sociological Method』[8]에 쓴 '사회적 사실'에서 찾을 수 있다. 사회적 사실이란 개인에게 있어서 외재적이고 구속적인 행위, 사고, 감상의 프로그램이다. 즉 납, 주석 같은 부드러운 물체가 합금되면 그 성질이 변해 단단한 청동이 되듯이 단순히 개인의식의 집합이란 말로는 설명이 불가능한, 고유하고 독자적인 실재實在이며, 특별한 법칙을 따르면서도 역으로 개인을 규정하는 것이다.

---

[8]  한글판 『사회학적 방법의 규칙들』, 2021, 이른비.

## 규칙성을 갖고 있는 자살률

『자살론』에서는 이러한 '사회적인 것'이 갖는 힘과 그 작용을 구체적이고 개별적인 데이터를 통해 증명하고 있다. 선택된 데이터는 자살이다. 자살은 자신의 목숨을 스스로의 의사로 끊는, 순수한 개인적인 행위라 여겨지고 있는 것이 사실이다. 그러므로 자살은 각각의 개인적인 사정에 의해 규정된 것이며, 그렇기 때문에 전형적인 심리학 문제라고도 여겨졌다.

그런데 뒤르켐은 이 전형적인 심리학적 문제를 일부러 골라 자신의 재주(사회의 양상과 작용력의 증명)를 펼치고 있다. 이 책의 부제는 '사회학적 연구'이다. 게다가 제재마저도 당시의 사정과 딱 들어맞았다. 원서가 발행된 때는 세기 말 무렵이었는데 당시 유럽에는 번민과 우울로 인한 자살이 증가했고, 급기야 자살은 '문명의 병'이라고까지 불릴 지경이었다.

앞서 잠깐 설명했듯이 자살은 순수한 개인현상으로 인식된다. 하지만 자살률 통계를 세세히 살펴보면 깜짝 놀랄 만한 규칙성을 발견할 수 있다. 시계열時系列[9]로 살펴보면 평상시의 자살률은 크게 변하지 않으나 국가 간 전쟁 같은 비상 시기에는 변동이 있었다(자살률 하락).

---

9   확률적 현상을 관측하여 얻은 값을 시간의 차례대로 늘어놓은 계열.

집단이나 카테고리별로 살펴봐도 규칙성을 발견할 수 있다. 유대교와 가톨릭, 프로테스탄트는 후자로 갈수록 자살률이 높다. 연령의 영향을 제거하면 기혼자는 미혼자보다 자살률이 낮고, 기혼자에서는 아이가 있는 쪽이 자살률이 낮다. 이러한 통계적 상관관계가 나타내는 것은 집단이나 카테고리에 따른 자살의 경향 자체가 독자적인 사회적 사실이라는 점이다.

그렇다면 무엇이 자살률을 이렇게 다르게 만들고 있는가? 유대교도와 가톨릭교도, 프로테스탄트의 자살률 차이는 자살을 죄로 보는 교의가 엄격한가, 그렇지 않은가에 있지 않다. 유대교는 공식적으로 자살을 금지하지 않는 반면 프로테스탄트의 교의는 자살을 죄로 보고 있다. 그러므로 종교별 자살률의 차이가 교의 때문이라고 할 수 없는 것이다. 더욱이 교의별로 자살에 대해 터부하는 정도와 자살률은 반비례의 모습까지 보이고 있다.

종교는 신앙과 의례를 강제하는 집단이기 때문에 그 집합 상태를 살펴야 한다고 뒤르켐은 말한다. 그 응집성이 강할수록 종교적 공동체는 빽빽이 통합되어 있고, 그런 만큼 자살을 억제하는 힘이 강하다는 결론에 이른다. 유대교와 가톨릭은 교회를 중심으로 신도의 생활을 엄밀하게 규정하는 것에 반해 프로테스탄트는 각각의 개인이 성서를 읽고 스스로가 신앙에 대해 고민하고 사색해야 했으므로 신도 간의 결집이 가장 약하다. 한편 유대교도가 가톨릭신자보다도 자살률이 낮은 것은 배척의 대상이 된 후부터 스스로 교회를 중심으로 보다 강하게 결집해야 했던 상황에도 기인한다.

　이렇게 살피다 보면 미혼자와 기혼자, 자녀가 없는 부부와 자녀가 있는 부부 사이의 자살률의 차이도 해결된다. 즉 개인이 소속된 집단의 통합력에 기인한다는 말이다. 또 민족 간에 전쟁이 일어나고 있을 때 자살률이 낮은 것도 집합적 감정이 생기를 불러일으키고 조국애가 고취되어 강한 사회적 통합이 나타나기 때문이다.

　여기까지 다룬 자살은 개인이 집단에 통합되지 않았기 때문에 일어나는 것이므로 '자기 본위적 자살'로 유형화된다. 그렇다면 나라를 위해 목숨을 바치거나 사랑하는 사람을 따라 자살하는 것은 어떻게 봐야 할까? 이것을 두고 '그건 개인이 집단에 통합돼서 일어나는 것'이라는 반론이 나올 만하다. 이러한 자살은 개인이 사회에 통합되지 않아서 일어난다는 자기 본위적 자살의 반대 개념인데, 다시 말하자면 사회가 개인을 무겁게 짓누르거나 자살은 권리가 아닌 의무인 것처럼 다가올 때 발생된다. 그러므로 나라를 위해 목숨을 버리는 것이나 사랑하는 사람을 따라 자살하는 것은 '집단 본위적 자살'로 본다.

　이 두 가지 자살의 사회적 유형은 개인과 사회의 결속(너무 약할 때와 너무 강할 때)이 어떠한가에 따른 것이다. 그런데 여기에 또 다른 제3의 유형이 있다. 그것은 사회가 개인의 욕망을 규제할 수 없게 되면서 일어나는 고뇌가 원인이 된다. 즉 '아노미적 자살'이다. 아노미란 것은 원래는 그리스어로 '법의 부재'를 말한다. 불황기 때 자살이 증가하는 것처럼 보이는데 실제로 통계를 보면 경제적 호황기에도 자살이 증가한다. 욕망을 멈출 수 없다는 것, 그리고 무한하게 비대해지는 욕망이 원인이 되기 때문이다. 이런 자살을 아노미(무규범)적 자살이라 하는 이유는 집합적 권위에 의한 욕망의 규제가 잘 작동되지 않아서 일어난다고 보아서이다.


## 아노미라 할 수 있는 근대의 병

뒤르켐에 의해 만들어진 아노미라는 개념은 자살률뿐만 아니라 욕망을 더욱 부채질하는 '근대사회의 병'으로써 중요한 논점을 제공한다. 그것은 다음과 같다.

> 계급의 상하를 막론하고 그 욕망이 자극받고 있다. 이것은 종국에는 안정되어야 함에도 불구하고 그렇게 될 것 같지 않다. 욕망이 지향하고 있는 목표는 대개 도달할 수 있는 모든 목표를 뛰어넘어 저 멀리 있기 때문에 어떤 방법을 써도 욕망을 만족시킬 수 없다. 이렇게 열정적인 상상력을 가진 욕망은 비록 저 멀리 있긴 하지만 그래도 가능할 것도 같이 여겨지기 때문에 반대로 현실에 존재하는 것들은 너무나 낡고 퇴색해 보인다. 그래서 사람은 현실에서 이탈하는

것이다. 한편 가능한 것이 현실화되어버리면 이번에는 거기서도 다시 이탈해 버린다. 사람은 오로지 새로운 것, 미지의 쾌락, 미지의 감상을 추구하는데 한 번이라도 그런 것의 맛을 알아버리면 기존에 있던 쾌락도 금세 사라지고 만다. 그런 상태일 때 조그마한 역경이 갑자기 나타나면 결국은 극복할 수 없게 된다.

근대사회의 '욕망의 병'은 욕망을 충족할 수 없어 일어나는 애태움이 아니다. 충족했다고 생각한 순간 욕망은 다시 저쪽으로 멀리 달아난다. 욕망이 신기루처럼 끝없이 진행되는 것이다. "월급이 얼마나 오르면 만족할 수 있습니까?"라고 물었을 때 30퍼센트 정도라고 대답한 사람이 있다고 치자. 그 초기의 욕망이 충족되면 이번엔 또다시 30퍼센트만 더 있으면, 하는 식이란 말이다. 아노미적 인간의 최후의 모습은 "나는 병든 인간이다……. 나는 나쁜 인간이다"로 시작되어 "나는 뭔가 다른 것을 갈망하고 있지만 어째서 그것이 이토록 이루어지지 않는가를 2×2가 4인 것처럼 명백하게 알고 있다"라고 고백하는 『지하실의 일기』(도스토예프스키 작)에 등장하는 남자의 초조와 비애인 것이다.

자살은 자살하는 사람의 개인적 기질 때문인 듯 여겨지지만 사실은 전혀 그렇지 않다. 그 사람이 속해 있는 사회집단의 '도덕적 구조'에 기인하는 것이다. 각각의 사회집단에는 사람을 자살로 내

모는 일정한 효과를 가진 어떤 집합적인 힘이 존재한다. 자살은 이러한 사회 상태의 결과이고, 때로는 연장延長이며, 그 사회적 상태를 외부적으로 표현한다. 순수한 개인 행위로 보이는 자살을 '집합적 경향에서 기인한다'라고 결론지은 것이다.

필자는 서두에, 뒤르켐은 콩트Auguste Comte와 스펜서Herbert Spencer를 대표하는 사회학자가 '있을 수 있는 모든 문제'에 손을 뻗는 백과사전식 종합사회학에 크게 불만을 갖고 있다고 표현했다. 뒤르켐은 이 책을 통해 사회학이 독자적인 대상을 가지며 정치학, 경제학과 어깨를 나란히 할 수 있는 사회과학임을 증명했다. 이뿐만이 아니다. 모든 사회현상을 사회적 사실의 시점에서 다시 읽을 수 있게 만들었다. 종교사회학과 경제사회학, 정치사회학, 교육사회학 등으로 영역을 넓힌 것이다. 뒤늦게 나타난, 즉 사회과학 분야의 막내 위치인 사회학은 뒤르켐에 의해 학문으로서의 영역을 획득했을 뿐만 아니라 학문군의 개편, 더 나아가 사회학주의의 길을 열었다.

# 사회학

Soziologie (1908)

: 사회의 기하학

## 그런 학문은 있을 수 없다

19세기 말부터 20세기 초 유럽에는 사회학의 고전이라 할 수 있는 이론들이 태어났다. 뒤르켐(프랑스)도 그중 한 사람이고, 뒤르켐보다 세 살 위의 퇴니에스(독일), 열 살 위의 빌프레드 파레트Vilfredo Pareto (이탈리아), 여섯 살 아래의 베버(독일)도 빼놓을 수 없다. 이 책의 저자 짐멜(독일)은 뒤르켐과 같은 해인 1858년에 태어났다.

짐멜도 뒤르켐처럼 사회학의 존재 의의를 증명해 보여야만 했다. 왜냐하면 그가 사회학을 대학의 커리큘럼에 넣으려 했더니, 이 젠 더 이상 다룰 대상이 남아 있지 않으니 당연히 그런 학문은 있을 수 없다는 말을 들었기 때문이다.

# 4

## 게오르그 짐멜
Georg Simmel, 1858~1918 독일의 철학자이자 사회학자.

『사회학』은 추상적인 형식사회학의 무궁무진한 가능성을 열었다.


짐멜도 백과사전 같은 종합사회학에 강한 불만을 갖고 있었다. 그는 역사학, 심리학, 정치학 등을 '하나의 커다란 항아리'에 쏟아 부어 뒤섞은 뒤 '사회학'이란 이름으로 뭉뚱그렸기 때문에 득 될 것이 하나도 없다고까지 표현했다. 또 삶의 내용은 이미 기존 여러 학문의 대상이 되었기 때문에 사회학은 그 대상 영역을 마치 떨어진 이삭 줍듯이 기웃거릴 것이 아니라 새로운 개념을 발견해 독자성을 가져야 한다고도 주장했다. 새로운 과학에는 그 존재 이유가 되는 개념의 발견이 필요하기 때문이다.

뒤르켐은 개인에게 환원되지 않는 '집합의식'과 '제도' 같은 사회적 사실이란 개념을 발견해 사회학의 영역을 확립했다. 이에 반해 짐멜은 '사회화의 형식'이라는 독자적 개념을 발견해 사회학의 새로운 영역을 열었다.


## 내용과 형식

그렇다면 사회화의 형식이란 무엇일까? 사회화라는 것은 사람들이 서로 관계를 맺고 잘 통합된 상태를 말한다. 즉, 사회화는 개인 간의 상호작용에 의해 존립된다. 상호작용은 물질적 이익이나 종교적 충동처럼 여러 관심과 목적에 따라 다르게 영위된다. 회사나 정당, 예술의 계파, 학교 등 각 집단별 상호작용의 '내용'은 애초부터 각각 다른 동기와 목적에 따라 성립된 것이므로 집단마다 다르다. 그런데 여기서 상호작용의 '형식'에 주목할 경우 지배 혹은 복종, 전쟁, 당파 형성 등은 어떠한 집단에서든지 공통적으로 볼 수 있는 것이다. 짐멜은 사회화의 '형식'과 '내용'의 구별 그리고 그 구별 의의에 관해 다음과 같이 말하고 있다.

> 이렇게 역사적·사회적 현상을 형식과 내용에 따라 분석하고 그런 뒤에 형식을 통합할 때 꼭 갖춰야 할 조건은 두 가지이다. 이 두 조건은 사실에서 검증할 수 있어야 한다. 하나는 사회화의 동일 형식이지만 내용은 완전히 다를 때 그 다른 목적을 위해 겉으로 표현된다는 것이다. 또 하나는

이와는 반대로 내용은 동일하지만 담당지 혹은 현실화의 모양이 전혀 다르게 나타난다는 것이다.

이 두 가지는 확연히 나타난다. 마치 같은 기하학적 형식이 매우 다른 질료質料[10]에서도 발견되거나, 또 같은 질료이지만 매우 다른 공간에서 나타난다는 것으로 비유할 수 있다.

사회화의 동일 형식이지만 전혀 다른 내용에서 나타나는 것을 예를 들어 설명하자면 당파 형성을 들 수 있다. 이것은 국가에도, 종교 단체에도, 깡패 집단에도 나타난다. 또 내용에서는 같지만 다양한 형식을 취하는 것의 예로, 교육적 관심으로 구성된 학교 집단이 전제주의적, 자유주의적, 개인주의적처럼 다양한 사회화의 형식으로 나타나는 것을 들 수 있다.

짐멜은 기하학이 물질적 내용을 사상捨象[11]하고 물체의 공간 형식만을 연구하듯이, 또 문법이 언어의 내용을 버리고 언어 형식만을 연구하듯이, 상호작용(사회화)의 형식만을 꺼내 연구하고 그 고유의 법칙을 추출해야 한다고 주장한다. 사람들의 동기·관심·목적은 공존과 공조라는 사회화의 형식을 통해야 비로소 사회화의

---

10  물질의 생성 변화에 있어서 여러 가지의 형상을 받아들이는 본바탕.
11  철학 용어. 사상, 현상의 특성이나 공통성 이외의 요소를 버리는 것.

내용(경제·정치·교육 등)이 되기 때문이다. 그러므로 '사회화의 형식이야말로 사회다'라고 짐멜은 강조한다. 사회학이 자유로운 과학이 되려면 사회적 생生의 내용을 사회적으로 표현하는 형식에 초점을 맞춰야 한다. 사회학은 단순한 대상이 아니라 대상을 향해 명확한 문제를 세우는 방법(사회화의 형식)에 존립 의의를 가져야 한다.

대부분의 사회학 책들은 가족과 학교, 국가 같은 구체적 집단을 직접적으로 다루지만 이 책은 그렇지 않다. '상위와 하위(제3장)', '투쟁(제4장)', '비밀과 비밀결사(제5장)', '사회권의 교차(제6장)'에서 알 수 있듯이 모두 다 사회화의 형식에 관계되는 것들이다. '비밀과 비밀결사'의 장도 비밀의 내용과 결사의 목적을 다루는 것이 아니다. 오로지 그 형식만을 다루고 있다.

사회화의 형식은 그 내용을 괄호로 묶어놓고 겉만 다루는 양상을 띠기 때문에 추상적이긴 하다. 그중에서도 가장 추상적인 사회화의 형식, 다시 말해 내용과 동떨어진 사회화의 형식이 바로 '집단 구성원 수'이다. 짐멜은 이 점을 이 책의 제2장(집단의 양적 규정)에서 설명하고 있는데, 그가 말하는 형식사회학의 특징이 단적으로 드러난 부분이기도 하다.

> 각 개인의 통일화와 상호 영향이라 부를 수 있는 공존 생활은 일련의 형식을 지니고 있다. 이들 형식에는 그런 식으

로 사회화된 개인의 수가 중요하다. 그리므로 형식을 검토할 때는 우선적으로 얼마만큼의 (인명) 수를 갖고 있는지부터 살펴야 한다.

집단의 '구성원 수'라는, 내용과 상당히 동떨어진 수량(형식)이 집단의 내용과 깊은 관계가 있다는 뜻이다. 그 예로서 원시적인 그리스도교 집단을 들 수 있다.

원시적인 그리스도교 집단은 구성원이 적어야 하고 그 주변을 둘러싼 대집단과 달라야 한다. 그래야 대집단과의 대비를 통해 스스로의 특수성을 유지할 수 있기 때문이다.

하지만 집단의 규모가 커지면 커질수록 생필품 같은 생활 요건을 더 이상 대집단에 의존하지 못하고, 자신들의 내부에서 생산해야 하는 상황이 발생한다. 주위의 대집단과 똑같은 활동을 하면 규모가 작았을 때 갖고 있던 사회화의 내용은 더 이상 유지할 수 없게 된다. 이리하여 그리스도교가 국가적 규모로 커지면 원시적인 그리스도교 집단과 달리 다른 대집단의 내용에 근접한다. 집단의 구성원 수에 따른 집단 내용의 변질은 노동조직이 소수일 때와 대규모일 때 서약 집단에서 압력 집단으로 바뀌는 것을 상기하면 이해하기 쉬울 것이다.

해당 집단을 둘러싼 대집단의 규모가 일정하고 해당 집단의 구성원이 많아지거나, 반대로 적어지거나 하는 상대비로 인해 해당 집단의 사회화 내용은 변할 수 있다. 설령 대집단과 해당 집단과의 상대비가 같다 해도 규모의 변화 때문에 해당 집단의 사회화 내용 또한 바뀔 수 있다. 20명의 소수파 정당이 있고 그 속에 반당적인 위원이 4명 있다고 치자. 한편 50명의 다수파 정당에 반당적인 위원이 10명 있다고 할 때 각각의 비율은 20퍼센트로 같다. 하지만 후자의 경우가 비록 다수파 정당이긴 하지만 반당에 포함되는 인명 수가 전자인 소수파 정당의 경우와 비교할 때 극단적으로 크다.

이렇게 1인 관계, 2인 관계, 3인 관계로 그 논지가 진행되어 구성원이 한 명 증가한다는 추상적인 형식 변화가 얼마나 큰 내용의 변화를 일으키는지 다루고 있다. 3인 관계가 되면 2인 관계에서는 볼 수 없는 개인을 넘어선 집단이 나타나 '어부지리'나 '분할 지배'도 발생한다. '어부지리'나 '분할 지배'는 개인 관계뿐만 아니라 군사동맹 같은 집단과 집단 간의 관계에서도 볼 수 있기 때문에 형식사회학의 의의가 확인된 셈이다.


## 토크니즘tokenism


짐멜의 수에 의한 집단의 피규정성이란 아이디어는 미국 사회학자에게 계승된다. 필자가 보기에 짐멜의 아이디어를 가장 역동적으로 계승한 사람은 라이트 밀즈상을 수상한 로자베스 모스 캔터Rosabeth Moss Kanter로, 특히『기업 인의 남성과 여성Men and Women of the Corporation』에서 전개된 '토크니즘'을 들 수 있다.

토크니즘이란 소수파(토큰token)란 이유로 다양한 압력을 받으며 불안과 긴장으로 특정한 태도나 행위를 하는 것을 말한다. 집단의 인명수뿐만 아니라 남자와 여자, 백인과 흑인처럼 다른 카테고리의 인간이 하나의 집단에서 다수파와 소수파로 나눠지면 어떤 일이 생기는가를 분석한 연구이다. 다수파 남성 관리직은 남성이라는 속성이 아닌 개개인의 행동이나 인격으로 주목받지만, 소수파의 여성 관리직은 주목을 받으며 개인이란 관점이 아닌 판에 박힌 여성상에 빗대진 시선을 받는다. 그러므로 긍정적인 행동(피차별 집단을 위한 후한 대우 정책)도 소수 채용이 지속되는 한 차별 철폐까지 이루어지기는 어렵다고 캔터는 말한다. 짐멜에게서 아이디어를 얻었지만 집단의 구성원 수가 아닌 남자와 여자, 백인과 흑인처럼 집단을 구성하는 카테고리가 균질한가 아니면 한쪽으로 치우쳐 있는가 하는 비율에 착안한 것이 특징이다.

짐멜의 형식사회학은 내용을 버리고 있다 해서 '죽은 과학(데드사이언스)'이란 비판도 받았다. 비판의 대부분은 옛 지식인의 내용(알맹이) 본위주의 입장에서 쏘아대는 비판이다. 그러나 '본질주의(차별은 유전자나 본능 같은 내적인 요인의 산물)'에 대비되는 '구축주의(차별은 사람들의 인식과 행동에 의해 사회적·문화적·역사적으로 구성된다)', '내재적 접근 방식(텍스트 분석)'에 대비되는 '외재적 접근 방식(텍스트에 적힌 시대의 작품세계 배치부터 하는 접근 방식)'처럼 '(사회화의) 내용'에 대비되는 '(사회화의) 형식'이란 접근 방식이 당연히 가능하므로 앞서 다룬 캔터의 토크니즘처럼 무궁무진한 가능성을 갖고 있는 이론이다.

칼 마르크스·프리드리히 엥겔스


막스 베버


노르베르트 엘리아스


위르겐 하버마스


미셸 푸코

# 2

근대로의
여정

# 공산당 선언

Manifest der Kommunistischen Partei (1848)[1]

: 투쟁모델의 원형

## 사회주의라는 희망

1950년대 고도성장 전야. 당시 필자는 사도가시마의 료츠(지금은
사도시 료츠)라 불리던 어촌의 중학생이었다. 이웃에는 아이가 셋
인 중년의 아주머니가 살았다. 그 아주머니는 종종 우리 집에 와
서는 쌀을 꿔가곤 했다. 어부였던 남편을 사고로 잃었기 때문이
다. 그렇다고 해서 그 아주머니가 동정에 기대서 살았던 건 아니
다. 빌려간 것은 시간이 한참 지난 뒤라도 꼭 갚았다. 가장 어린 아
기를 등에 업고서 육체노동의 일용직도 마다하지 않았다. 그러나

---

1   한글판 『공산당 선언』, 범우사(1997), 펭귄클래식코리아(2010), 책세상(2018).

## 5

칼 마르크스
Karl Marx, 1818~1883  독일의 공산주의 사상가.

프리드리히 엥겔스
Friedrich Engels, 1820~1895  독일의 공산주의 사상가.

『공산당 선언』은 '공산주의자 동맹'의 강령이긴 하나 훌륭한 사회과학 입문서이기도 하다.


한참 먹을 나이인 남자 아이 셋이 있었으니 그 아주머니 혼자 일을 해서는 입에 풀칠하기도 힘들었다. 한편, 우리 집 근처에 있던 여관 겸 요릿집에서는 어업회사 대주주들이 매일같이 연회를 벌였다.

당시의 필자에게도 '이 세상은 잘못되었어'라는 생각이 들던 시대였다. 그래서인지 '사회주의'와 '공산주의'라는 단어는 눈이 부실 만큼 아름다운 빛을 내뿜고 있었다.

시대가 그러했으니 필자도 고등학생 때 이 책을 성전처럼 읽었다. 아니 필자뿐만이 아니라 대부분의 대학생이, 그리고 일부 고등학생이 한 번쯤은 읽었을 것이다. '착취'와 '계급'이란 말이 단순한 이론이라기보다는 실제 생활을 담은 단어였기 때문이다.

## 역사는 계급투쟁사

『공산당 선언』은 '공산주의자 동맹'의 강령이다. 마르크스와 엥겔스에 의해 기초된 것이나 실질적으로는 마르크스가 쓴 책이다. 강령이라고는 하지만 제1장에 "지금까지 모든 사회의 역사는 계급투쟁의 역사이다"라는 속 시원한 문장으로 시작한다. 귀족과 평민, 영주와 농노가 그랬듯, 압제하는 자와 압제당하는 자가 대립해서 투쟁을 벌여온 것이 지금까지의 역사라고 말이다.

계급투쟁의 역사 중에서도 봉건사회를 몰락시키고 자본주의사회를 일으킨 부르주아(자본가)계급의 혁명이 높이 평가되었다. 부르주아계급은 봉건적·가부장제적·목가적인 사회관계를 남김없이 파괴하고, 그들이 지배한 지 백 년도 채 안 되어서 기계장치, 화학의 응용, 기선항해, 철도, 전신, 전 대륙의 경작지화, 하천의 운하화 등 과거 모든 시대를 합친 것보다도 더 큰 규모의 다양한 생산력을 만들어냈다. 인간의 활동이 어디까지 미칠 수 있는지 처음으로 그 가능성을 증명했다고 표현할 만한 변화였다. 그러나 부르주아혁명에 의한 생산력 증대는 그 반작용으로 인간 품위를 '교환가치'로 바꿔버렸고, 인간과 인간의 관계를 적나라한 이익만 존재하는 차가운 '현금계산' 관계로 만들어버렸다.

이러한 자본주의사회는 다음과 같은 과정을 거치면서 출현했다. 생산력이 높아지면 봉건사회의 생산관계(생산 과정·유통 과정·

분배 과정에서 일어나는 인간관계)와 부적합 현상을 일으킨다. 그리하여 봉건사회의 사회관계가 부르주아계급에 의해 분쇄되면서 그들에 의한 경제 지배와 정치 지배가 일어난다. 하지만 이번에는 부르주아계급의 그 거대한 생산력 발전의 결과, 더 이상 생산력을 제어할 수 없게 된다. 부르주아적 다양한 관계들은 이룩해낸 부에 비해 너무 좁았기 때문이다. 마침내 봉건사회 당시 생산력과 생산 관계 간에 일어난 모순과 똑같은 일이 벌어졌다.

> 부르주아적 생산 및 다양한 교통 관계, 부르주아적 다양한 소유 관계처럼 거대한 생산수단과 교통수단을 마법처럼 만들어낸 근대 부르주아사회는 자신이 불러낸 지하세계의 악마를 더 이상 다룰 수 없게 된 마법사와 같았다. (중략) 사회가 자유로이 쓸 수 있는 다양한 생산력은 이제는 더 이상 부르주아적 문명이나 부르주아적 소유 관계 촉진에 도움이 되지 않았다. 촉진은커녕 오히려 너무나 강대해졌고, 부르주아는 이것을 멈출 수 없게 되었다. 그리하여 생산제력이 부르주아의 저지를 뚫어버리는 순간, 순식간에 전 부르주아사회는 혼란에 빠지고 부르주아적 소유의 존재는 위태로워졌다.

이 책에는 생산제력의 발전이 역사의 원동력이라는 역사적 유물론의 정수가 간결하게 기술되어 있다. 생산물과 지금까지의 생산력을 파괴하지 않으면 안 되는 주기적 공황이야말로 생산력과 생산관계의 모순이 드러나는 핵심 증거라 말하고 있다. 동시에 자본주의사회와 그 지배계급인 부르주아계급을 쓰러뜨리는 프롤레타리아계급이 대거 출현한다고 말한다. 자본가와 프롤레타리아계급 사이에 있던 하층 중산계급, 소상공업자, 농민 등이 계급의 양극화로 인해 프롤레타리아계급으로 전락하는 등 프롤레타리아계급은 모든 계급에서 보충되었다. 그리하여 점차 계급 대립은 부르주아계급과 프롤레타리아계급의 양대 진영으로 단순화되었다.

산업이 진보해도 프롤레타리아계급의 생활은 향상되지 않았다. 극빈 상태에 빠진 사람들은 인구와 부의 증대보다도 급속하게 늘어났다. 기계가 노동의 차이를 소멸시켜 임금을 누구나 거의 같은 수준으로 끌어내렸다. 프롤레타리아끼리의 생활 수준이나 이해관계도 비슷해졌다. 동질화된 프롤레타리아의 수가 크게 늘어나면서 자본가계급의 대립 세력이 되어 단결력도 커졌다.

공장제 공업을 위해 만들어진 교통망의 발달은 많은 지방 투쟁을 용이하게 만들었고 전국 투쟁으로 결집시켰다. 부르주아계급이 봉건제도 파괴를 위한 무기로 삼았던 생산력 발전은 이번에는 부르주아계급 자신을 향하기 시작했다. 이뿐만이 아니었다.

그들(부르주아)은 또한 이 무기를 사용하는 사람들도 만들어냈다. 그들은 바로 근대적 노동자, 프롤레타리아이다.

부르주아계급은 자신들을 무덤으로 끌고 가는 사람들을 생산한 것이다. 부르주아계급의 몰락과 프롤레타리아계급의 승리는 '불가피'한 것이었다. 프롤레타리아계급만이 진실로 혁명적인 계급이 되었다.

공산주의자는 프롤레타리아 전체의 이익을 강조하고, 그러기 위한 투쟁을 지도했다. 프롤레타리아계급의 형성과 부르주아계급 지배의 전복, 프롤레타리아계급에 의한 정치권력 획득 등을 말이다.

역사상 이제까지 지배권을 획득했던 계급은 모든 사회를 자신들의 이득에 개입시켜 기득권을 확보하려 했지만, 프롤레타리아에 의한 혁명은 과거의 혁명처럼 새로운 지배계급을 만들지 않았다. 프롤레타리아계급은 혁명을 통해 지배계급이 된 뒤 낡은 생산관계를 폐지해 계급의 존재를 없애면 계급 대립도 소멸된다고 보았다. 한 사람 한 사람의 자유로운 발전이 모든 사람의 자유로운 발전을 위한 조건이 되는 그런 사회가 실현된다고 본 것이다. 그러므로 프롤레타리아에 의한 혁명은 부르주아적 생산관계의 단순한 개량이 아니라 폐지를 지향해야 했다. 이 책은 맨 마지막을 다음과 같이 맺고 있다.

지배계층이여, 공산주의혁명 앞에서 전율하라. 혁명에서 프롤레타리아가 잃을 것은 쇠사슬뿐이며 획득할 것은 세계이다. 만국의 프롤레타리아여 단결하라!

## 투쟁모델

풍요로운 사회의 성립과 사회주의 국가의 붕괴로 지금은 계급이나 사회주의라는 말에서 느껴지는 아우라가 많이 사라졌다. 그러나 마르크스 이론은 사회이론으로서의 중요성은 잃지 않았다. 사회통합모델에 저항하는 투쟁모델의 원형이기 때문이다. 통합모델은 사회의 요소(부분)가 통합되어 질서를 형성한다는 견해이지만, 투쟁모델은 사회의 요소(부분)가 모순되고 갈등이 일어나 이것이 사회변동을 일으킨다는 견해이다. 현대 사회학 이론으로 말한다면, 전자(통합모델)가 탤컷 파슨스Talcott Parsons 등으로 대표되는 구조·기능주의이고, 후자는 랜달 콜린스 등으로 대표되는 투쟁의 사회학이다.

또 인간집단을 이해관계의 도가니로 본 마키아벨리Niccolo Machiavelli와 홉스를 투쟁모델의 선구자로 볼 수도 있겠으나, 생산력과 생산관계의 '모순'과 '(계급)투쟁'이 사회변동의 구조적 원천이라 보고 이것을 체계적으로 전개한 사람은 마르크스이다. 베버는 마르크스의 계급투쟁 이론의 영향을 받으면서도 교육과 가문, 직업 등의 생활양식에 따른 신분 집단의 지배와 권력 투쟁에 초점을 두었기에 비교적 넓은 범위의 이론이다.

계급과 신분만이 아니라 민족성과 젠더Gender, 세대의 갈등과 배제, 탈환은 투쟁모델의 멋진 테마이다. 마르크스주의를 두고 낡았다고들 하지만, 마르크스의 사회변동 이론의 골격(구조적 긴장 이론)은 낡지 않았다. 특히 사회주의 국가에서의 공산당원과 비당원간의 갈등도 계급 대립으로 볼 수 있다면 말이다.

# 프로테스탄티즘의 윤리와 자본주의 정신

Die Protestantische Ethik und der Geist
des Kapitalismus（1904-05）[2]

: 근대 자본주의와 종교

## 전통적인 노동 의식과 영리욕

이 책은 대학에 입학하고 반년 정도 지났을 때 읽었다. 고전이니 읽어야 하지 않을까 하는 막연한 마음으로 문고판을 집어 들었다가 이내 빠져들었다. 그 당시 개발도상국에서 제철회사 직원으로 파견 근무 중이던 사촌이 잠시 귀국해 하루 정도 함께 교토에 머물렀는데 그때 나에게 한 말이 있었다. 근무하는 나라의 노동자는 일을 너무 안 한다는 것이다. 급료나 승진 같은 유인책을 써봐도

---

**2** 한글판 『프로테스탄티즘의 윤리와 자본주의 정신』, 계명대학교출판부(2017), 현대지성(2018), 문예출판사(2021).

# 6

## 막스 베버

Max Weber, 1864~1920 독일의 사회학자.

『프로테스탄티즘의 윤리와 자본주의 정신』은 자본주의의 정신적 요인을 종교에서 찾는 것으로 역사의 장대한 아이러니를 추적한다.

별 소용이 없었단다. '일을 하면 돈도, 지위도 들어올 텐데 왜 그럴까? 역시 개발도상국 사람들은 선천적으로 태만한 걸까?' 등등 나에게도 의문이 생겼다. 그럴 때 이 책을 읽었으니 목에 걸린 가시가 시원하게 빠진 듯했다.

베버는 근대 자본주의가 맞닥뜨린 높은 장벽으로 '전통주의적인 생활태도'를 들고 있다. 노동의 집약도를 높이기 위해 기획되고 만들어진 고임금은 그 의도와는 다르게 노동의 증대가 아니라 감소를 가져온 경우가 많았다는 점, 다시 말해 "보수가 많은 것보다는 노동이 적은 편이 그들을 움직이게 만드는 자극이다", "사람은 (태어나면서부터) 될 수 있는 한 많은 화폐를 바라는 게 아니라 오히려 간소하게 생활하는, 즉 습관이 되어버린 생활을 지속하고 그런 생활을 유지하기에 필요한 물품을 얻는 것에 만족한다"라는 대목은 앞서 말한 의문을 품고 있던 필자에게는 엄청난 충격을 주었다. 근면하지 않는 것이 자연스러운 것이고, 우리가 당연시했던 근면은 이를테면 정신이 바이러스에 감염돼서 일어나는 현상이란 말인가, 하는 생각마저 들었다.

그럼 영리욕도 근본적인 차이가 있지 않을까 싶어 계속 읽어 내려갔더니, 그 점에 관해서도 명확히 설명하고 있었다. 이 세상의 즐거움을 중시하고 적당한 영리를 목적으로 하는 것은 적당한 근로처럼 전통주의적 생활태도이다. 반면 격렬한 영리활동 역시 예전부터 있기는 했다. 하지만 이런 격렬한 영리욕은 일확천금을 얻은 뒤 한순간에 탕진한 것처럼 욕망 충족의 수단이지 합리적으로 추구하는 목적(의무)은 아니다. 따라서 이런 격렬한 영리욕은 근대 서유럽에서 일어났던 영리에 대한 심적 태도와는 근본적으로 다르다. 후자는 정당한 이윤을 사명(천직)으로 보고 이것을 조직적이고 합리적으로 추구하는 정신 태도에서 실행되었기 때문이다. 영리 그 자체가 목적(의무)이 되기 때문에 자본이 축적되고 확대 재생산이 일어났다. 베버는 이러한 합리적 경영에 근거한 자본주의를 '근대 자본주의'라고 이름 붙였고, 물질적 욕망 충족의 수단밖에 되지 않는 투기적 행태를 '천민자본주의'라 불렀다.

## 의도하지 않은 결과

따라서 베버는 "근대 자본주의는 앞서 살펴본 전통적인 근로의식이나 전통적인 영리욕에서 탈피하려는 정신적 비약이 없었으면 생기지 않았을 것이다"라며, 그것도 독립적이 아니라 일정한 파급 효과를 가진 집단에 의해 성립되어야 한다고 강조한다.

이 대목에서 다양한 신앙이 혼재되어 있는 지역의 통계를 살펴보면 근대적 기업의 자본가와 기업 경영자, 상층의 숙련 노동자 가운데 프로테스탄트가 많다는 사실을 발견할 수 있다. 하지만 프로테스탄트는 가톨릭과 비교해 봐도 훨씬 더 비세속적이며 금욕적이다. 그러면 '자본주의적 영리활동과는 대립되는 것일 텐데, 도대체 어디서 이런 역설이 나오는 걸까?' 하는 의문이 생길 것이다.

베버는 프로테스탄티즘 중에서도 특히 칼비니즘calvinism[3]의 예정설에 주목하고 있다. 예정설이란, 인간의 구제와 단죄는 살아생전의 선행이나 회개와는 일절 관계가 없고 사전에 신이 정해놨다는 것이다. 하지만 신은 절대적이기 때문에 사람들은 자신이 신에게 선택받았는지 아니면 저주받고 있는지는 알 수 없다. 사람들은 절대적인 불안에 사로잡혔지만 의혹을 떨쳐버리고 스스로를 선

---

**3**  프랑스 종교개혁자 칼빈에 의해 창시된 프로테스탄티즘의 유파로 모든 것은 신의 의지에 의해 결정된다는 사상이다.

택받은 자라고 간주하지 않으면 안 되었다. 이러한 자기 확신에 도달하기 위해서 직업(천직)에의 헌신이 장려되었다. 왜냐하면 신은 항상 직업에의 헌신을 말했기 때문에, 직업에서의 성공은 신을 기쁘게 하는 것이고, 또한 신에게 선택받았다는 외적 징표도 되었다. 그러므로 스스로를 신의 도구라고 믿으며 금욕적으로 직업에 헌신해 불안을 없애고 구원도 강하게 확신한다는 것이다.

이처럼 뿌리박힌 절대적인 불안과 자기 확신을 향한 금욕적 노력을 통해 생활 전체가 일관되고 합리적으로 편성되었다. 직업 노동에 매진하고 근면과 절약이 전인격을 단단하게 다잡았다. 그 결과 이윤과 수입이 증가되었으나 그것을 향락적 소비로 돌리는 것은 금지되었으므로 자본이 형성되고 이윤은 다시 투자되어 확대 재생산이 일어났다. 이런 의미에서 프로테스탄티즘은 근대 자본주의의 주축인 기업가와 노동자의 '주체(에토스 = 심적 기동력)'를 형성했다.

그렇다고 해서 프로테스탄티즘이 근대 자본주의의 발흥을 의도했다는 말은 아니다. 프로테스탄트의 관심은 어디까지나 영혼의 구제였기 때문에 신앙과 사업의 관계는 전혀 의도되지 않은 결과였다. 즉 나타난 결과가 신앙인의 머릿속에 있던 것과는 전혀 상관이 없거나 정반대였던 것이다. 이렇듯 이 책에는 의도하지 않은 결과를 가져온 프로테스탄티즘의 논리와 근대 자본주의 정신의 친화 관계가 장대하게 그려지고 있다.

또한 베버는 경제체제로서의 자본주의가 종교개혁의 산물인 듯한 '어리석은 교조教條⁴적 명제'를 주장하는 것도 아님을 강조한다.

> 우리가 확인하려는 것은 그런 것들이 아니고 단지 '정신'인 질적 형성과 전 세계에 걸친 양적 확대라는 상황하에서 종교의 영향이 얼만큼 강력한 힘이 될 수 있는가, 그리고 자본주의를 기반으로 하는 문화의 어떤 구체적 측면이 종교적 영향과 맞물려 있는가 하는 것뿐이다. 그런데 이 경우, 종교개혁기에서의 물질적 기반과 사회적·정치적 조직 형태 그리고 그 시대의 정신 내용과 무서우리만치 서로 복잡하게 영향을 미치고 있음을 생각하면 지금 당장은 특정 형태의 종교적 신앙과 천직 논리 사이에 어떤 '선택적 친화 관계'가 용인되는지, 또 용인된다면 그 이유까지도 규명해 나가야 할 것이다.

그러므로 베버는 프로테스탄티즘의 금욕 그 자체도 사회적·문화적·경제적 조건에 깊은 영향을 받고 있음을 인정한다. 종교가

---

4　역사적 환경이나 구체적 현실과 관계없이 어떠한 상황에서도 절대로 변하지 않는 진리인 듯 믿고 따르는 것.

경제 등의 다른 현상을 어느 정도로 또 어떻게 제약하는지, 반대로 어떻게 종교가 제약을 받는지 같은 쌍방향적 시점이 종교사회학의 과제라고도 할 수 있다.

맨 마지막에 베버는 근대 자본주의의 결말을 다음과 같이 말하고 있다.

"근대 자본주의가 성숙함에 따라 종교 논리의 필요성은 없어지고 그저 일하지 않으면 살아갈 수 없는 쳇바퀴 같은 인생이 된다."

정신이 결여된 워커홀릭 인간이나 영리활동을 스포츠인 양 착각하는 게임인간의 만연을 예측했다고 볼 수 있는 부분이다.

## 아이디어의 루트

이 책의 아이디어는 베버가 이탈리아 여행 중에 얻은 것이다. 베버는 33세 때 심한 정신병으로 대학교수직을 그만둬야 했다. 몇 시간 동안 아무것도 하지 않고 창가에 가만히 앉아 있을 정도였다고 한다. 그러다 마침내 이탈리아 여행을 결심했고 로마에서 지낸다. 차츰 병에서 회복되자 다시 왕성한 지적 호기심과 독서에 열중했고, 한편으로는 수도원의 역사를 조사했다. 그리고 크리스트교 수도사의 세계에는 이미 중세 때부터 합리화가 이루어졌음을 발견했다. 수도사들은 동양의 금욕적인 스님들처럼 현세 도피를 위한 고행이 아니라 신의 도구가 되어 수도원의 일에 부지런히 힘을 쓰는 생활을 했던 것이다. 이러한 금욕적 수도사의 종교관이 프로테스탄티즘을 표방하는 종교개혁을 통해 세속 외(수도원)에서 세속 내(직업)로 확대되었다는 가설을 이때 얻었다. 베버는 책에서 이렇게 말한다.

> 크리스트교적 인더스트리아industria의 관념은 수도사의 금욕에 그 바탕을 두고 수도사 출신 저술가에 의해 발달되었기 때문에 이것이야말로 나중에 프로테스탄티즘의 한결같은 세속 내적인 금욕 속에서 완전한 발달을 성취할 수 있는 '에토스'의 싹이다.

한편으로 이 책의 아이디어가 부지런한 노력과 절약을 통해 가내 공업이던 직물 사업을 키워서 마침내 공장 경영으로 성공한 숙부의 모습에서 왔다는 설도 있다. 부인인 마리안느가 베버의 건강을 염려해 쉬게 하려 해도 "새벽 1시까지 공부하지 않으면 교수의 자격이 없다"라고 말했다는데, 학문에 몰두한 자신의 정신적 뿌리를 찾으려는 의도도 있었을 것 같다.

명저의 위대한 아이디어도 사소한 견학과 우연히 발견한 자료에서 생기는 경우가 적지 않음을 알게 되니 그들(위대한 사상가)도 우리와 같은 인간이라는 점이 새삼스럽게 다가온다.

# 문명화과정

Über den Prozeß der Zivilisation ⟨1939⟩[5]

: 타구唾具가 사라지다

## 야만의 소멸

문명화는 '야만'이 정착되는 과정이다. 예의와 예의범절로 대표되는 인간의 감정과 행동에 자기 억제가 강화되고 세분화되며 수치심과 불쾌라는 감정의 범위가 확대되는 과정인 것이다.

　침을 뱉는 행위를 일례로 문명화 과정을 살펴보자. 서양 중세 때의 예의범절을 소개하고 설명한 글에서는 '식탁 밖으로도, 식탁 위에도 침을 뱉어서는 안 된다', '손을 씻을 때 세숫대야에 침을 뱉어서는 안 된다'라는 말이 있다. 바꿔 말하면 당시는 식탁과 세숫

---

5　한글판『문명화과정 1, 2』, 2002, 한길사.

# 7

## 노르베르트 엘리아스
Norbert Elias, 1897~1990 독일의 사회학자.

『문명화과정』은 야만에서 문명으로의 과정과 구조를 찾아냈다.


대야에 침을 뱉는 사람이 있었다는 말이 된다. 16세기가 되자 '침을 뱉었을 때는 어떤 상황이든지 간에 반드시 그것을 밟아 그 흔적을 없애야 한다'로 변했다. 침을 뱉는 것은 좋지 않지만 만일 뱉어도 밟아서 없애기만 하면 예의에 어긋나진 않는다는 것이다. 18세기에는 '손수건에 뱉는 것이 좋다'로 바뀌면서 타구가 등장한다. 20세기가 되면 타구는 '다른 사람 눈에 띄지 않는 장소에 두는 것이 적절하다'로 바뀌었고, 이후로는 타구조차 불필요하게 되는데 이는 침을 뱉고 싶은 욕구조차 사라져서가 아닐까 싶다.

## 문명화의 원동력

이렇듯 문명화는 코를 푸는 법, 배설하는 법, 식사하는 법의 변천에서도 볼 수 있다. 하지만 위생관념이 생겼기 때문에 이렇게 변천했다고는 볼 수 없다.

엘리아스는 예의작법서에 '타인이 있는 장소에서는'이라든가 '타인이 그렇게 생각할 수 있으므로'라는 말이 빈번하게 나오는 것으로 미루어볼 때, 타인의 의혹에 주의를 기울이는 것이 문명화의 원동력이 되었다고 단정한다.

그럼 왜 인간은 다른 사람의 마음을 신경 쓰게 되었을까? 엘리아스는 폭력이 만연하는 전사戰士적 봉건사회에서 폭력의 집중적 독점이 이루어진 궁정宮廷적 독재사회로 변한 것에 그 원인이 있다고 한다. 전사적 봉건사회에서 전사들은 봉건영주의 영지에서 거의 자급자족의 생활을 하고 있었다. 기능 분담이 적었고 개인을 하나로 이어주는 힘이 약했다. 전쟁의 만성화와 사투, 복수 등의 폭력이 어디에나 있었기 때문에 이러한 사회에서는 정감이나 충동, 폭력을 억제시킬 필요도 적었다. 아니, 오히려 위험한 사회였기 때문에 정감이나 충동, 폭력을 언제나 일으킬 수 있는 상태로 대기해야만 했다.

그러다가 전사들의 투쟁 덕분에 점차 영토와 무력이 통합되면서 중앙집권적 절대주의 국가가 성립되었다. 중앙정권이 폭력을 독점함에 따라 사회가 평화로워졌다. 궁정은 절대적 왕을 정점으로 많은 사람들이 모여 운영되었기 때문에 기능 분담이 광범위하게 일어났다. 기능 분담이 광범위하게 일어났다는 말은, 개인과 타인과의 연결고리가 넓어지고 길어져 타인과의 상호작용이 보다 큰 사회, 즉 타인에게 더 많이 의존하는 사회가 되었다는 뜻이다.

전사귀족이 궁정귀족이 되면서 서로 끊임없이 상호작용하지 않으면 생활할 수 없게 되었다. 따라서 전사라고는 해도 일단 궁정생활에 들어가게 되면, 다른 사람의 마음을 신경 써야 했고, 장기적인 시야로 행동을 엄히 규제해야 했으며, 감정을 억제해야 했다.

이러한 문명화 과정이 서양에서는 11, 12세기에 시작되어 17, 18세기에 완성되었다. 그것은 다음과 같은 사회학 명제로도 정리될 수 있다.

> 기능 분담이 진전되어 개개인의 상호의존 관계가 촘촘해질수록, 또 그 관계와 일체화된 인간의 영역(그것이 기능적이든 기구적이든)이 커질수록 자발적인 격앙과 격정에 몸을 맡기는 개인들은 사회적으로 점점 위협받게 되었다. 반면 감정을 억제할 수 있는 사람은 그만큼 더 사회적으로 이득이 생겼다. 이것만으로도, 아니 그런 만큼 더욱 어린 시절부터

길게 이어진 인간관계를 넘어 저 멀리까지 자신의 행동이
일으킬 영향과 타인의 영향을 생각해야만 했다.

사회구조 변화에 따른 감정의 문명화에 관해 엘리아스가 훌륭
하게 비유한 것이 있다. 비바람 때문에 진흙탕이 되기 일쑤고 언제
어떤 강도를 만날지 모르는 옛날 시골의 울퉁불퉁 도로(세분화되
어 있지 않은 사회의 개인 간의 관계)와 오늘날 대도시의 포장도로(세
분화된 사회의 개인 간의 관계)의 비유이다. 전자처럼 옛날 시골의 울
퉁불퉁 도로에서는 공격으로부터 생명과 재산을 지키기 위해서
는 언제나 싸울 태세와 정열을 가져야만 했다. 하지만 지금의 포장
도로에서는 강도를 만날 위험이 적다. 교통신호는 물론 교통경찰
까지 있어서 교통정리를 잘해주고 있으니 말이다. 하지만 교통질
서는 자신의 행동을 스스로 정확하게 규제해야만 성립된다.

문명화의 원동력인 타인에 대한 배려는 외적 강제에서 자기 억
제라는 내적 강제로 바뀌면서 마음의 상태가 급격하게 달라진다.
'초자아'라고 하는 충동 감시 장치가 내면에 군림하게 되고, 이것
을 위반하게 되면 죄의식과 수치를 느끼게 된다. 의식적인 자기 억
제에서 무의식적인 제어가 일어나는 것이다.

이렇게 해서 격한 감정을 억누르는 무대 뒤편에서는 무의식이
만들어지고 불안의 내용도 크게 변한다. 일찍이 불안은 외부의 힘
에 대한 것이었으므로 타인과의 직접적인 싸움을 통해 긴장과 격

정이 해소되었지만, 이제는 자기 억제를 통해 억눌러야만 하는 것이 되었다. 그 결과 불안의 전쟁터는 개인의 마음속으로 옮겨간다. 혹시 내가 타인을 불쾌하게 하진 않았을까, 하는 자기 억제 부족에 대한 불안, 억제된 충동과 초자아와의 갈등에서 빚어지는 불안이 바로 이것이다.

문명화의 원동력에는 사회적 네트워크 확대에 따른 타인에의 배려뿐만 아니라, 계층 간의 차이화 전략에서도 볼 수 있다. 다시 말해 귀족(상류계급)들은 당시 상승 가도를 달리던 시민(중류계급)과 자신들은 차원이 다르다는 것을 나타내기 위해 문명화된 행동을 구사한 것이다. 시민들은 귀족의 행동을 모방했다. 귀족은 시민 계급이 자신들을 모방하면서 뒤쫓자 보다 더 고급스러운 태도와 취미를 끊임없이 만들어나갔다. 중류계급 역시 하류계급에 비해 문명화된 행동을 추구함으로써 차별화를 꾀했다. 이렇게 해서 문명화는 광범위하게 퍼져나갔다.


## 문명화가 나아갈 길

엘리아스의 문명화론은 사회의 합리화론이긴 하나 주식회사나 부기 같은 제도의 합리화가 아니라 의식과 욕구의 합리화 과정이다. 그는 문명화의 과정이 지금 정점에 도달했다고 하지는 않는다. 그렇다고 단조증가單調增加[6]적으로 진행되고 있다고도 하지 않는다.

엘리아스는 문명화를 규정하는 국가 간의 긴장, 계층 내·계층 간의 긴장 압력과 가난에 대한 불안 등이 갑자기 강해지거나 반대로 유달리 약해지면 우리의 행동양식을 조정하고 충동을 억제하던 것이 붕괴될 수 있다고 보았다. 그래서 엘리아스는 나치즘과 홀로코스트 같은 폭력사회를 되돌아보기 위해, 다시 말해 문명화의 좌절(비문명화)을 다루기 위해 『독일인론The Germans』을 뒤이어 펴냈다.

---

6  조건이 증가되면 그 결과가 반드시 증가된다는 성질.

사회학
베스트
30

# 공론장의 구조변동

Strukturwandel der Öffentlichkeit （1962）[7]

: 커피하우스에서 인터넷으로

## 커피하우스

찰스 2세(재위 1660~1685) 때부터 조지1세, 2세(재위 1727~1760) 때 런던은 커피하우스의 시대였다. 18세기가 되자 런던에만도 3천 점이나 되었다 하고, 500명을 수용할 수 있는 커피하우스도 있었다고 한다. 커피하우스는 커피나 홍차를 마시면서 사람들이 대등하게 각종 화제에 관해 토론하던 사교장 겸 정보센터였다. 그러나 여성은 제외되었고 손님은 남성으로만 한정되었다.

커피 향기와 희뿌연 담배연기, 사람들의 후끈한 열기 속에서 주

---

7   한글판 『공론장의 구조변동: 부르주아사회의 한 범주에 관한 연구』, 2001, 나남출판.

## 8

## 위르겐 하버마스

Jürgen Habermas, 1929~  독일의 철학자이자 사회학자.

『공론장의 구조변동』은 시민적 공공성의 탄생과 변모를 그린 역사사회학이다.

가가 올랐느니 내렸느니, 문예나 최근에 들은 설교 혹은 정치 이야기가 화제로 올랐다. 누군가가 연설을 하면 가게 안의 손님이 가까이 다가가 듣기도 했다. 누구와도 대등하며 자유롭고 활달한 분위기는 위정자에 대한 반역의 화약고가 되기도 했기 때문에 한때 정부는 커피하우스 폐쇄령을 내리기도 했다. 하지만 비난이 거세지자 이내 철회하고 만다.

영국 역사가 트레벨리안George M. Trevelyan은 커피하우스 문화에 대해 다음과 같이 말하고 있다.

"정부와 국교회에 반대하는 것이든 또는 그 적을 맹비난하는 것이든, 잉글랜드 국민 전반에 걸친 언론의 자유야말로 커피하우스 생활의 정수이다."(『영국사회사 2』)

## 시민적 공공권의 탄생과 변용

이렇듯 커피하우스 문화는 이 책이 말하는 '시민적 공공권'의 이념형에 가깝다. 시민적 공공권이란, 정치와 경제, 문화 등 여러 문제에 관해 사민공론, 즉 시민이 평등하게 논의하고 공권력과 절충하기 위한 여론을 형성하는 공간이다.

시민적 공공권의 기원은 도시국가 그리스로 거슬러 올라간다. 그곳에는 자유로운 시민의 국가 생활권(폴리스)과 각 개인 고유의 주거 생활권(오이코스)이 뚜렷이 구별되며, 공적 생활은 광장(아고라)을 무대로 '대화'와 '공동의 행위'라는 형태로 전개되었다. 하지만 중세 봉건시대에 영주의 가계와 영지의 회계가 명확히 분리되지 않았던 것처럼, 공공권과 사생활권이 서로 융합되어 있었기 때문에 그리스적 공공성의 특색은 사라졌다. 오히려 독특하게도 '구현적 其現的 공공성'이 만들어졌다. 이것은 군주와 귀족, 성직자가 지위와 권력의 위대함이나 영광을 의식과 제전으로 과시하는 '대표적 代表的 구현'이라는 공공성이다.

> 대표적 구현은 공공성의 권내에서만 일어날 수 있는 것이었기 때문에 사사 私事로운 것에서의 대표적 구현은 존재하지 않는다. 그리고 대표적 구현은 공중 公衆의 앞에 나타난 군주의 모습이란 방법을 통해 '어떤 보이지 않는 존재를

가시적으로 하는 것'을 일컫는다. (중략) 군주와 의회가 곧 국가 그 자체이고, 이것을 단순히 대리하는 것이 아닌 이상 그들은 어떤 특수한 의미에서 대표가 될 수 있었다. 다시 말해 그들은 자신들의 지배권을 인민을 위해서가 아니라 인민의 앞에서 구현했던 것이다.

대표적 구현의 관점에서 민중은 왕과 귀족 등이 영광을 내어 보일 때 필요한 무대장치에 불과했다. 민중은 제외됨으로써 대표적 구현이라는 공공권의 일부를 구성했다.

하지만 16세기부터 봉건적 권력의 해체가 시작되었다. 종교개혁으로 교회 권력에서 분리된 내면의 자유라는 사적 자율권이 생겼다. 또 군주의 공적 예산과 사적 가정이 분리되고, 근대적 관료제(항상적恒常的인 행정)와 상비군을 통해 공권력이 제도화된다. 그리하여 대표적 구현이고 공공권의 기반을 이루던 사적 권역과 공적 권역의 융합이 붕괴되었다. 대표적 구현인 공공권은 국왕의 궁정 속으로 축소되어 비록 화려한 존재로 유지되긴 했으나 사적 생활권과 공적 생활권이 갈라지던 중에 일어났던 임시 현상에 불과했다.

국가를 대표하는 공권력의 영역이 윤곽을 가지면서 공권력은 곧 국가의 객체인 공중이라는 논리가 생겨났고, 덕분에 개인의 영역이 자각되었으며 개인의 규합인 공중과 비판하는 공중이 탄생했다. 이렇게 해서 처음에 말했던 커피하우스, 그리고 살롱과 클럽으로 대표되는 정치적 기능을 가진 시민적 공공권이 나타난 것이다. 하지만 처음부터 정치적 기능을 가진 시민적 공공권이 생긴 것은 아니다. 맨 처음에는 '문예적 공공권'으로 시작되었다.

문예적 공공권은 문학작품에 관한 담화가 펼쳐지는 자기 계몽과 주체 형성의 장이다. 여기서 확립된 제도적 기준은 다음의 세 가지였다.

①사회적 지위를 뺀 대등한 의논인 '평등성'
②문학과 철학, 예술작품에 관한 교회적·국가적 권위에 의한 해석 독점권을 배제하고, 자립적이고 합리적인 상호이해 속에서 해석하는 '자율성'
③토론 대상의 상정과 의논을 위한 자격(재산·교양)이 있다면 모든 개인이 사회적 일원으로 참가할 수 있다는 '공개성'

이러한 제도적 기준을 바탕으로 신문과 잡지 같은 정치 저널리즘이 늘어났고, 이런 매체에 의해 개인은 사회적 일원으로 변모해 공권력에 대한 비판적인 정치적 공공권을 만들었다. 이렇게 '독서하는 공중(문예적 공공권)'은 '논의하는 공중(정치적 공공권)'으로 바뀐다. 이 현상이 18세기부터 19세기 초에 걸쳐 영국과 프랑스, 독일에서 일어났다.

이제까지 위정자에 대한 반대는 내란 같은 폭력에 의해서만 가능했다. 하지만 앞으로는 위정자가 공론이라는 새로운 정치적 공공권인 심판의 장에서 지배의 정통성을 나타내야만 했다. 공론을 매개로 여당과 야당의 논쟁도 지속되었다.

> 의회에서 굴복한 소수파는 언제든지 공공성 속으로 파고들어 공중의 판단에 호소할 수 있게 되었다. 한편 매수로 결속된 다수파는 그들이 가진 권위를, 다시 말해 반대파가 다수파의 권위를 부인하는 이성에 의해 더욱 정통화되었다.

19세기 말부터 사회복지국가(후기자본주의) 시대가 되자 국가와 시민사회는 다시 융합되기 시작했다. 시민적 공공권의 기반이던 시민사회와 국가의 분리에 역작용이 일어난 것이다. 사회복지정책 등에 의해 국가가 시민사회에 적극적으로 간섭(사회의 국가화)하기 시작했고, 다른 한편으로는 경제 시스템의 확장으로 기업이 사회보험과 서비스의 주체가 되면서 국가 기능이 민간기관으로 위양(국가의 사회화)되었다. 따라서 시민적 공공성의 기반이 붕괴되어 갔다.

## 조작적 공공성의 만연인가

동시에 매스미디어가 경이적으로 발달하고 여기에 참가할 자격
이 넓어지면서, 공중이 확장되어 평범한 다수자의 지배와 획일화
를 강제하는 공공권의 폭력화가 일어났다. 공중의 호의적 수동성
을 확보하기 위해 언론이 조작되었고, 시민적 공공성 면에서 대표
적 구현이었던 공공성의 복고, 즉 공공권의 '재봉건화'도 일어났
다. 토론도 쇼가 되어 우월한 시위 기능 앞에서 비판 기능을 잃기
시작했다. 이 대목은 오늘날의 '토론 와이드 쇼'화를 예언하는 지
적이라 할 수 있다.

이 책이 간행된 것은 1962년인데, 1990년 신판에 덧붙여진 저자
의 '서언' 후반부에는 매스커뮤니케이션의 전자화와 민중적 의사
결정과의 관계 그리고 미래상에 대한 비관과 낙관이 혼재된 예측
이 적혀 있다. 사회복지국가와 네오코포라티즘neocorporatism[8]이
공공성의 구조를 바꿨다지만, 인터넷으로 대표되는 전자적 공공
권이 커피하우스가 갖고 있던 기능을 현대적으로 다시 구현한 것
이라 봐야 할까, 아니면 조작적 공공성의 단순한 확대로 봐야 할
까? 만일 이도저도 아니라면 완전히 다른 공공성의 출현으로 봐
야 할까? 새삼 묻지 않을 수 없다.

---

8   거대 이익 집단이 정부와 제휴함으로써 정책 운영과 영리 조정을 하는 정치 시스템.

사
회
학
베
스
트
30

# 감시와 처벌

Surveiller et Punir （1975） [9]

: 얼굴 없는 감시

## 체벌 감소와 감시망의 확장

이튼Eton과 할로Harlow, 윈체스터Winchester로 대표되는 영국 명문 퍼블릭 스쿨(엘리트 중등학교)의 창립은 14세기부터 16세기까지 거슬러 올라간다. 이들 학교의 오랜 역사를 살펴보면 근대로의 여정을 알 수 있다.

18세기부터 19세기 초까지, 퍼블릭 스쿨에는 학생과 학교 당국의 분쟁이 많았다. 학생의 폭동을 진압하기 위해 군대가 출동한 적도 있었다. 대부분의 경우 분쟁의 불씨는 지금까지 학생들의 영역

---

[9] 한글판 『감시와 처벌: 감옥의 탄생』, 2020, 나남.

미셸 푸코
Michel Foucault, 1926~1984  프랑스의 철학자.

『감시와 처벌』은 근대사회의 정치를 규율과 훈련 권력으로 해명했다.


으로 인정되던 것에 학교가 개입했기 때문이다.

18세기 이전에는 방과후 학생이 인근으로 사냥을 나간다거나 술집에서의 음주는 방치되었다. 교사의 눈이 닿지 않는 시공간은 학생의 영역이었을 뿐만 아니라 오히려 학생의 독립심을 키우기 위한 하나의 방법이라며 학생 자율에 맡긴 것이다. 그런데 19세기 전후가 되자 학교 당국이 기숙사의 통금 시간을 앞당겨 정하면서 학생의 자유 영역이던 방과후 시간을 회수하기 시작했다. 그러자 학생 폭동이 일어난 것이다.

19세기 중후반이 되자 학교 당국은 학생이 지금 무엇을 하고 있는지 알 수 있게 되었다. 그뿐만이 아니다. 6주 후 오후 3시 반에 학생이 무엇을 할지까지 예측할 수 있게 되었다. 이렇게 감시망이 넓어지면서 퍼블릭 스쿨의 상징이었던 체벌(채찍질)이 줄어들었다.


## 구석구석까지 닿는 권력

『감시와 처벌』은 이러한 감시사회가 어떻게 탄생되었는지를 설명하기 위해, 니체가 크리스트교 도덕에 관한 연구를 할 때 썼던 계보학系譜學을 보다 치밀하게 이용하고 있다. 계보학이란, 지금 절대 진리와 도덕으로 존재하는 것을 그런 식으로 존재하지 않았을 것으로 간주해 역사적으로 재구성하는 학문이다. 계보학이라는 명칭 자체에는 과거를 현재로 평탄하게 연결하려는 단점이 있는 역사학과 근본적으로 다름을 내포하고 있다.

이 책은 1757년 프랑스에서 실시된 공개 처형 장면부터 시작된다. 국왕 암살에 실패한 다미앵Robert Francois Damiens의 신체형이었다. 대중 앞에서 다미앵은 달궈진 쇠집게로 몸이 지져졌고, 유황불로 태워졌으며, 나중에는 신체를 네 마리의 말로 잡아당겨 찢는 형에 처해졌다. 그러다가 18세기 말부터 19세기 초에 걸쳐서는 수족을 절단하고 얼굴이나 어깨에 낙인을 찍어 사람들의 놀림감이 되는 '화려한 볼거리'로서의 처벌은 금지되면서 단두대에서 목이 잘리는 것처럼 순간적인 죽임을 당하는 것으로 변화했다. 신체형이 간략화된 것이다.

동시에 형벌은 참을 수 없는 고통에서 여러 권리를 정지시키는 경제형으로 바뀐다. 신체형에서 감금에 의한 교정책으로 바뀌기 시작한 것이다. 범죄자가 범죄를 다시 저지르지 않도록 하기 위한 마음·사고·의지·소질에 대한 징벌이다.

다미앵이 처참하고 '화려한' 처형을 당한 지 4분의 3세기가 지난 1838년의 '파리소년감화원'의 규칙에는 기상에서 잠자리에 들기까지의 행동을 세세하게 규율화한 형벌이 기록되어 있다. 이것은 범죄 행위의 부채를 변제하기 위한 것이 아니라, 신체 그 자체를 순종적이고 유용한 것으로 교정하기 위한 것이다. 형벌제도의 이러한 변천은 권력 기술의 새로운 책략 때문에 일어났다고 푸코는 말한다.

권력이란 '사회관계 속에서 저항에 역행해도 자기의 의지를 관철하는 모든 기회'(막스 베버)라 여겨졌다. 이러한 권력은 지배자가 피지배자에게 의무와 금지라는 형태로 위에서부터 아래로 강제되는 것이 일반적이었다. 그러나 근대사회의 권력은 지배계급의 특권이 아니라 제도와 여기에 관련된 여러 기능과 효과라는 일상 속 상호 네트워크의 작용으로 봐야 한다.

> 권력은 소유되기보다는 오히려 행사되는 것이고, 지배계급이 획득 혹은 보유하는 특권이 아니라 지배계급이 차지한 전략적 입장의 총체적 효과이다. 전략적이기 때문에 피

지배자의 입장이 표명되기도 하고 때로는 주고받기도 하는 효과이다. 한편 이 권력은 '그것을 갖지 못한 자'에게 일종의 의무 혹은 금지로 강제되지 않는다. 그 권력은 '그것을 갖지 못한 자'를 에워싸서 공격하기도 하고, 그들을 중간에 넣어 개입도 하며, 또 그들을 통해서 관철된다. 그리고 그 권력은 그들을 원천으로 삼는다.

이러한 권력과 공존하면서 범죄 행위의 배후에 있는 정신을 둘러싸고 정신의학(정신감정)과 심리학(지능 테스트·성격 테스트), 교육학(시험과 교화) 같은 인간제과학人間諸科學 지식이 개발된다. 인간제과학의 지식으로 사물을 보는 방법과 행동 방법 등이 정상과 이상으로 구분되고 미시적 권력의 작동이 정당화된다. 미시적 권력은 감옥만이 아니라 공장, 군대, 병원, 학교에까지 퍼진다. 이 미시적 권력 기술이 신체에 행사하는 것은 다름 아닌 규율과 훈련이다.

규율과 훈련의 권력은 적나라한 폭력을 동반한 억압적 권력이 아니다. 신체나 감정을 자발적으로 억제하게 만드는 얌전하지만 의심 많은 권력이다. 또한 위에서 아래로 이동되고 억압되며 금지되는 권력이 아니라, 모세관처럼 펼쳐져서 일상적 사회 실천을 통해 작동되는 권력이다. 이것은 시공간을 조직화하고 신체를 부품화해서 이루어진다. 병사와 공장 직원처럼 순종적이고 유용한 신체를 가진 개인이 만들어진다. 그래서 푸코는 다음과 같이 말했다.

> '개인'이라 불리는 것은 사회의 관념론상 표상의 허구적인 존재임이 틀림없다. 하지만 한편으로 개인은 '규율·훈련'으로 불리는 권력의 종별적種別的 기술론을 통해 탄생된 하나의 현상이기도 하다. 그러므로 '권력은 배제한다, 권력은 억제한다, 권력은 억압한다, 권력은 관리한다'(중략)처럼 부정적이고 소극적인 표현으로 권력의 효과만을 논하는 방법은 중지되어야 한다. 왜냐하면 실제로 권력은 생겨나고 있기 때문이다. 현실적인 것을 생산하고 있는 것이다. 그것은 객체의 영역 및 진실에 대한 격식을 만들고 있다.

## 파놉티콘과 관리사회

이러한 규율과 훈련의 대표적인 실천과 기술이 '파놉티콘panopticon'[10]이다. 일망감시 장치는 공리주의의 제창자이고 법학자였던 영국의 제레미 벤담Jeremy Bentham이 고안한 것으로 환자나

---

10  원형교도소, 한 번에 볼 수 있는 일망(一望)감시 장치.

수형자, 노동자 관리를 위한 시설이다. 이것은 원형상의 건물인데 중심에 탑이 위치한다. 원기둥 모양의 탑에는 주변 건물 속을 감시할 수 있는 커다란 창문이 있다. 주변 건물은 독방이고, 각 독방에는 창문이 두 개 있다. 하나는 탑의 창문으로 들여다볼 수 있는 창문이고, 다른 하나는 빛이 독방으로 들어와 탑에서 들여다볼 때 적절한 밝기가 확보되도록 하는 창문이다. 독방 속에 있는 사람의 작은 그림자가 확연히 빛 속에 나타나고, 단 한 사람의 감시인은 전모를 파악할 수 있다. 중앙 감시탑에서는 수형자를 완벽히 볼 수 있지만 수형자는 감시탑의 인물을 볼 수 없다.

이제 권력의 원천은 인격이 아니라 신체·표면·빛·시선 등의 장치 쪽으로 기울게 된다. 일망감시 장치는 절묘한 기계 장치였다. 수형자는 감시인의 모습을 볼 수는 없기 때문에 언제나 감시당하고 있다는 공포에 노출된다. 이렇게 얼굴 없는 감시의 눈길은 스스로를 감시하게 만들었고 자발적으로 자기 자신을 강제한다. 모든 물리적인 대결을 피하고 항상 미리 계획된 영속적 승리가 이루어진다. 감시자도 감시되고 관리된다. 이러한 의미에서 우리는 규율과 훈련 권력에 둘러싸인 감금사회에 살고 있다.

1970년 전후로 일본에서 전국학생공동투쟁운동이 활발했을 때, '관리사회'라는 말이 유행한 적 있었다. 관리사회는 지배자 계급이 소유한 실물적 권력 작용에 의한 억압이라기보다는 사회에 만연되었으나 작용이 부드러운 억압, 그렇다고 딱히 그 원천은 알 수 없기 때문에 목이 졸려지고 있는 깃 같은 억압감을 표출한 용어로 딱 들어맞았다.

하지만 관리사회란 무엇인가, 관리사회의 권력 작용이란 무엇인가, 하는 대목에서 당시에는 아직 이렇다 할 용어가 존재하지 않았다. 이 책이 프랑스에서 간행된 것은 1975년, 일본에서 번역되어 간행된 것은 1977년이었기 때문이다.

호세 오르테가 이 가세트

데이비드 리스먼

마셜 맥루한

장 보드리야르

# 3

대중사회
／
소비사회
／
미디어사회

# 대중의 반역

La Rebelión de las Masas ⟨1930⟩ [1]

: 전문가야말로 대중이다

## 대중이란 평균인平均人

일본에서는 '평민주의'와 '민중의 시대'처럼 '평민' 혹은 '민중'이란 용어가 쓰이다가 다이쇼大正 시대 말(1923년)에 있었던 관동 대지진 후 불교에서 '많은 중생'을 의미하는 '대중大衆'이 '매스mass'의 번역어로 등장했다. 단 여기서의 대중은 평민이나 민중보다는 문화 정도가 높은 도시 중간계급을 가리킨다. 그러므로 대중은 모던modern 용어이기도 했다. 보통선거제 실시로 대중정치가, 라디오와 주간지 등을 통해 대중문화가, 대량생산에 의해 대중소

---

1  한글판 『대중의 반역』, 2005, 역사비평사.

# 10

## 호세 오르테가 이 가세트
José Ortega y Gasset, 1883~1955  스페인의 정치학자이자 사회학자.

『대중의 반역』은 대중의 심성을 밝힌 대중사회론의 고전이다.


비가 생겨나면서 대중은 사회 전면에 드러났다.

『대중의 반역』에서는 이러한 일본 사회의 대중화 현상과 거의 시대를 같이하는 제1차 세계대전 후의 유럽을 무대로 삼아 대중의 탄생과 심성을 파헤치고 있다. 6세기부터 1800년까지의 유럽 인구는 1억 8천만 명을 넘지 않았지만 1800년부터 1914년 사이에 4억 6천만 명 이상 증가했다. 호텔은 숙박객으로, 기차는 여행객으로, 영화와 연극은 관중들로 넘쳐났다. 원래 소수자를 위한 특별한 장소였던 곳에 대중이 등장한 것이다.

오르테가는 자유주의적 민주주의와 과학기술, 산업주의 덕분에 대중이 탄생했다고 말한다. 일찍이 민중은 물질적으로도 신분적으로도 고된 운명을 짊어지지 않으면 안 되었다. 삶이란 산재된

장해에 적응하면서 살아야 하는 그런 것이었다. 하지만 자유주의적 민주주의로 신분과 계급은 없어졌고, 평범한 사람도 태어나면서의 권리가 보장되었다. 과학기술과 산업주의 덕분에 부자와 권력자들도 고민해야 했던 빈궁과 위험에서 보다 많은 사람들이 벗어날 수 있게 되었다. 이렇게 해서 삶이 자유롭고 평화롭게 보이는 '자만심 가득한 꼬마 도련님' 같은 대중이 탄생했다.

그렇다면 대중이란 원래 어떤 존재인가? 오르테가는 사회에는 소수자와 대중이 있다고 다음과 같이 말한다.

> 소수자란 특별한 자질을 갖춘 개인 혹은 개인의 집단이고, 대중은 특별한 자질을 갖고 있지 않은 사람들의 총체이다. 따라서 대중이라고 말할 경우 '노동자'만을, 혹은 '주로' 노동자만을 지칭하는 것이라고 여겨선 안 된다. 대중이란 '평균인'을 말하기 때문이다. (중략) 대중이란 선한 의미로도 나쁜 의미로도, 자기 자신의 특수한 가치를 인정하려 하지 않고 자신을 '모든 사람'과 동일하다고 느끼며, 이런 사실에 고통을 느끼기는커녕 다른 사람과 동일하다는 것에 기쁨을 드러내는 사람 모두를 말한다.

노동자이기 때문에 대중이고, 귀족이기 때문에 대중이 아니라는 의미가 아니라 정신적인 면에서 대중의 특질을 보인다는 것이다. '소수자'는 스스로 많은 것을 갈구하는 사람들임에 반해 '대중'은 바람 부는 대로 휩쓸려 떠도는 부표 같은 사람들이다. 대중은 과거에 경의를 표하지 않는다. "평범한 인간이 자신이 평범함을 인지하면서 과감히 평범할 권리를 주장하고 그것을 모든 장소에서 관철하려고 한다." 이러한 사람들이 대중이란 것이다.

오르테가가 말하는 대중은 옆 사람과 같은 행동을 추구하고 모든 고귀한 가치를 끌어내리려 하는, 니체가 말한 '짐승떼(어리석은 사람들)'와 거의 동일한 존재이다. 니체는 다음과 같이 말하고 있다.

> 중간의 것과 중간에 위치한 것이 최고의 가치를 가진 것이라 평가하지만, 이것은 다수자가 살고 있는 장소이고, 다수자가 이곳에 살면서 이뤄낸 방식이다. (중략) 중간의 것 속에 있으면 공포라는 것이 사라진다. 여기에 있는 것은 오직 너의 동료뿐이기 때문이다. 여기에는 오해받을 여지도 거의 없고 평등하다. 또한 여기에서는 너 자신의 존재가 비난받아 마땅한 존재가 아니라 정당한 존재라고 느껴지고 만족감이 지배한다. 불신은 예외자에 대한 것이며 예외자가 되는 것은 죄책으로 간주된다. (『권력에의 의지』)

그럼 과학자로 대표되는 전문가는 대중과의 관계에서 그 위치를 어떻게 정해야 할까? 이미 설명했듯이, 오르테가는 대중을 직업이나 계급 같은 사회적 카테고리로 규정하고 있지 않다. 그렇다면 적어도 과학자 역시 대중이라는 결론을 얻을 수 있다.

19세기 말부터의 과학은 전문 분화되면서 발전해 왔다. 이 말은 하나의 특정 과학 쪽으로만 편중되어 전문 특화되었다는 말이 아니라 특정 분야의 전문가를 지칭하는 말이다. 오르테가는 자신이 전문적으로 연구하고 있는 좁은 영역에 속하지 않는 그 외의 모든 것을 모르는 게 미덕이라 공언하고, 종합적 지식에 대한 흥미를 딜레탕티티즘dilettantism이라고까지 불렀다. 과학자 역시 지식인이긴 하지만 부분적인 지식인에 불과하다. 지식인이면서 무지인인 것이다. 그런데도 자신의 전문 이외의 광대한 영역에 대해서는 무지인으로 행동하는 것이 아니라 지식인인 양 오만하게 행동한다. 그러므로 전문가야말로 선천적으로 기질이 나쁜 대중이란 결론에 도달한다.

인간 사회는 어느 정도 귀족적인 것을 따르는 사회이기 때문에 귀족성을 잃게 되면 사회에서 사라지게 된다는 오르테가의 귀족주의적 주장에 저항을 느끼는 사람도 '대중은 찻집 대화에서 얻은 결론을 실제 사회에 강제한다'는 말에는 크게 현실성을 느낄 것이다. 와이드 쇼 해설자의 틀에 박힌 발언을 흉내 내면서 사회문제나 정치문제에 자신만의 주장을 갖는 듯 넉살좋게 앞에 나서는 대중을 상상하기에 충분하기 때문이다.

30세에 혼자 산에 오른 지 10년 후, 차라투스트라는 세상으로 내려와 군중에게 이렇게 말했다.

> 나는 너희들에게 초인이 무엇인지 알려주겠다. 인간은 어려움을 극복해야 할 존재이다. 너희들은 인간을 초월하기 위해 무엇을 했느냐? 종래의 모든 존재자는 자신을 넘어서는 어떤 것을 창조했다. 하지만 너희들은 이 거대한 밀물 속에서 도망치려 하는가? 인간을 초월하기보다는 오히려 동물로 후퇴하려 하는가? (『차라투스트라는 이렇게 말했다』)

## 대중 쟁탈전

단, 오르테가가 추출한 대중상은 어디까지나 막스 베버가 말하는 이념형이다. 이념형이란 경험적 실재를 일정한 관점에서 논리 정합적으로 추상화한 논리적 구성물이란 뜻이다. 대중의 폭발 형태인 '군중'처럼, 성장하려는 '중간계급'과 공중인 '시민', 자족은 해도 고귀한 것을 끌어내리려는 욕망과는 무관한 '서민'과 '상민' 등도 오르테가가 말하는 대중 개념에 근접해 있다.

오르테가의 대중을 방금 살펴본 근사 개념 속에서 그 위치를 찾아내 상호 보완과 대항 관계를 찾아가다 보면 대중사회의 유래와

결말을 찾을 수 있지 않을까? 그러면 대중의 동원에 있어서도 이들 유형 중에서 어떤 특정 유형이 선택된 뒤 의미가 부여되고 사용되는 일련의 경위까지도 알아낼 수 있을 것이다. '시민'과 '민중'은 물론이고 '프롤레타리아'와 '무산계급', '인민', '신민' 나아가 '일반인'에 이르는 명칭까지도 대중 쟁탈전에서의 표상 투쟁이기 때문이다.

# 고독한 군중

The Lonely Crowd (1950)[2]

: 나침반과 레이더

## 사회학서의 히트 차트

미국 사회학자가 쓴 책의 히트 차트(베스트셀러 랭킹)가 있다. 여기에는 1995년까지의 집계가 실려 있다. 이 리스트의 상위에 올라 있는 것을 중심으로 살펴보면, 필립 슬레이터Philip Slater의 『고독에의 추구The Pursuit of Loneliness』가 50~75만 부, 베라의 『마음의 연습』과 세이무어 립셋Seymour M. Lipset의 『정치적 인간Political Man』이 40~50만 부, 윌리엄 화이트William F. Whyte의 『스트리트 코너 소사이어티Street Corner Society and Learning from the

---

2    한글판 『고독한 군중』, 2016, 동서문화사.

## 11

### 데이비드 리스먼

David Riesman, 1909~2002  미국의 사회학자.

『고독한 군중』은 미국인의 사회적 성격의 변화를 밝고 활달한 문체로 서술하고 있다.

Field』가 20~30만 부, 로자베스 모스 캔터의 『기업 안의 남성과 여성』이 15~20만 부, 하워드 베커Howard S. Becker의 『아웃사이더즈Outsiders』와 다니엘 벨Daniel Bell의 『탈공업화사회의 도래The Coming of Post-Industrial Society』가 10~15만 부이다.

이 중에서 단연 랭킹의 최고를 차지하는 책이 바로 이 책이다. 1950년에 간행된 후로 1971년까지 100만 부가 팔렸다. 1995년까지 집계로는 143만 4천 부라고 한다(Herbert J.Gans "Best-Sellers by American Sociologists" in D.Clawson, Required Reading, 1998).

이 책이 사회학자가 쓴 책 중에서 베스트셀러인 이유는 홋다 요시에堀田善衞의 『광장의 고독』³과도 서로 통하는 훌륭한 제목인 데다가 글 속에 은어도 종종 쓰이는 등 문학자가 쓴 책이 아닐까 싶을 만큼 문체가 화려하다. 하지만 뭐니 뭐니 해도 1950년이라는 시기에 미국인의 사회적 성격 변화의 조짐을 두루 살폈다는 점과 이러한 변화를 역사적 단계론을 통해 체계적으로 제시했기 때문이다.

## 사회적 성격 세 가지

방금 사회적 성격이란 표현을 썼는데 이것은 동일 계급과 집단, 지역, 국가에 속한 사람들이 공유하는 성격이며, 공통의 경험과 생활양식에 따라 배양된 것이다. 관료 체질이라든가 남자 혹은 여자답다는 것, 국민성이라 불리는 것들 말이다. 이러한 사회적 성격을 가족과 씨족 중심의 전통사회(농업사회), 르네상스, 종교개혁, 산업혁명에 의한 제1혁명 시대(공업화사회), 그리고 생산 시대에서 소비 시대로의 제2혁명 시대(탈공업화사회)에 따라 각각 나타내고 있다. 구성원의 동조 양식(사회적 적응 양식)이 사회마다 다르기 때문이다. 전통사회, 공업화사회, 탈공업화사회의 사회적 성격을 각각 '전통지향형', '내부지향형', '타인지향형'의 세 가지 이념형으로 나눈다.

---

3  한글판『광장의 고독』, 2022, 논형.

전통지향형은 과거 몇 세기에 걸친 관습 같은 전통에 동조하면서 행동이 일어난다. 창피당하는 일 없이 무난하게 사는 것을 그 목적으로 하는 사회적 성격이다. 하지만 제1혁명에 의해 사회구조가 급속하게 변하자 지금까지의 사회적 적응 양식이던 전통지향형이 부적합해졌다. 공업화사회에서는 선택의 폭이 확대되었기 때문에 전통이라는 기존의 규칙으로는 판단할 수 없게 된 것이다. 새로운 사회적 적응 양식(성격 구조)이 필요했다. 이것이 내부지향형이다.

활짝 개방된 사회에 적합하도록 새로운 심리적 메커니즘이 나타났다. 유·아동기 때 연장자로부터 배운 일반적 목표라는 심리적 나침반이 바로 이것이다. 여기서 말하는 일반적인 목표는 직업에 헌신한다든가, 이 세상에서 어떤 사람이 되라는 등의 목표이다. 내면의 소리인 '나침반'에 의해 인생을 헤쳐 나가는 사람들이 내부지향형이다. 베버가 묘사한 프로테스탄트가 이것의 전형적인 인간상이다. 이러한 사회적 성격에는 충동과 동시대인의 변덕스러운 의견 등에 현혹되어 내면의 나침반이 가리키는 대로 따르지 않는 것은 '죄'라고 보았다.

이윽고 제2혁명이 일어났다. 제1차 산업은 말할 것도 없고 제2차 산업도 줄어들었으며 제3차 산업이 증가했다. 사람들은 물건보다는 타인과의 대치 속에서 살아가야만 했다. 물질적 환경보다 인간 환경이 중요하게 된 것이다. 내부지향형의 진취적인 기상과 성실이 그다지 많이 필요치 않게 되었고, 오히려 생존을 위해서는 타인과의 타협이 큰 과제가 되었다. 여기서 말하는 타인은 친구나 동료 그리고 매스미디어이다.

타인지향형의 인간이 지향하는 목표는 다른 사람이 보내는 신호에 끊임없이 세세하게 주의를 기울이는 것이다. 신호에 세심하게 주의를 기울이기 때문에 '레이더를 내장했다'고 비유하기도 한다. "다른 사람이 나를 어떻게 보는지에 이렇게 신경 쓴 시대는 일찍이 없었다"라고 리스먼은 말한다. 내부지향형도 자신에 대한 평판을 신경 쓰긴 했지만 의복이라든지 커튼, 은행의 신용 등이었지 여론이나 다른 사람의 평판은 아니었다. 타인지향형은 타인의 기분을 좀 더 세세히 짐작하려고 신경을 집중했으므로 수치(전통지향형)나 죄(내부지향형)보다는 '불안'을 두려워했다.

한편, 타인지향형이라 해서 경쟁을 전혀 안 한 것은 아니다. 경쟁은 있지만 동년배 집단에서의 승인이 더 중요했기 때문에 경쟁은 차이가 거의 없어 보이는 아주 미세한 것에서 일어나야 했다. '한계적 차이'에서의 경쟁인 것이다. 또 동년배와의 경쟁은 적어도 협력관계를 기반으로 해야 하기 때문에 '적대적 협력'이기도 했다. 후자에 관해 리스먼은 다음과 같이 말하고 있다.

내부지향형 인간의 경우, 생산 영역 그리고 2차적으로는 소비 영역에서 놀랄 만한 경쟁적 에너지를 방출하고 있었다. 그런데 현대사회가 되지 이 에너지는 동년배 집단에서 승인을 얻고, 부정형不定形의 안전 확보를 위한 경쟁에 사용되고 있는 것 같다. 이때의 경쟁은 승인을 얻기 위한 경쟁이다. 그리고 이 경쟁은 그 성질 때문에 노골적인 경쟁이 되어서는 안 된다. 이러한 이유로 나는 '적대적 협력'이라는 용어가 이러한 사태를 나타내는 적절한 표현이라고 생각한다.

## '오타쿠'는 자율형인가, 부적응형인가

지금까지 살펴본 전통지향형, 내부지향형, 타인지향형은 확실히 역사적 단계와 함께 나타난 사회적 성격이긴 하다. 그렇다고 해서 내부지향형의 시대에 전통지향형이, 타인지향형의 시대에 내부지향형이 없던 것은 아니다. 다시 말해 각각의 유형은 어느 시대에도 볼 수 있다는 의미이다. 단지 전형적인 사회적 성격은 역사적 단계와 맞물리면서 나타났다는 관점에서 바라봐야 한다. 더욱이 내부지향형이야말로 자율적 인간이고, 전통지향형이나 타인지향형은 단순한 적응형에 불과하다고 생각할지 모르겠다. 그러나 리스먼은 이러한 오해를 피하기 위해 어느 시대든지 '적응형', '아노미형(부적응형)', '자율형'이 있다고 했음에 주의하자.

내부지향형의 아노미형은 '히스테리 없는 무법자'이고, 타인지향형의 아노미형은 '감정 상실과 공허한 표정'이 특징이다. 그러므로 사회규범에 동조하는 능력을 갖고 있으면서 실제적으로 동조하는가 아니면 동조하지 않는가를 자유롭게 선택할 수 있는 자율형의 중요성이 강조되고 있다.

타인지향형 중에는 '단 한순간도 레이더를 쉬게 할 수 없는' 인간들이 있다. 이러한 사람들은 동조 과잉이라는 적응형 인물이다. 그렇다면 1980년대 일본에서 에세이스트 나카모리 아키오中森明夫에 의해 발견되어 명명된 '오타쿠'는 타인지향형 사회의 단순한 부적응형일까, 아니면 자율형일까? 리스먼은 타인지향형 사회 속에서 자율형의 형성은 일이나 놀이에서의 인격 과잉화를 억제하는 것에서부터 시작된다고 말했다. 오타쿠는 타인에 대한 배려가 없다는 점에서 우리는 자율형을 찾아야 할까, 아니면 부적응형을 찾아야 할까? 오타쿠론을 전개하기 위해서도 이 책은 문명적 스케일로 힌트를 주고 있다.

사
회
학
베
스
트
30

# 미디어의 이해

Understanding Media （1964）[4]

: 미디어는 메시지다

## 뜨거운 미디어와 차가운 미디어

맥루한은 『미디어의 이해』보다도 2년 앞서 간행된 『구텐베르크의 은하계The Gutenberg Galaxy』에서 15세기에 발명된 인쇄 기술이 인간의 경험과 사회에 어떠한 변화를 가져왔는지 상세하게 논했다. 특히 본문 「18. 인쇄된 언어」에서 이러한 요지를 접할 수 있다.

인쇄 기술의 발명으로 말로 하는 언어 시대(청각 중심)의 인간이 시각 중심의 활자인간으로 바뀌고 감각 혁명과 사회혁명이 일어

---

4　한글판『미디어의 이해』, 2011, 커뮤니케이션북스.

# 12

## 마셜 맥루한

Marshall McLuhan, 1911~1980 캐나다의 문명비평가.

『미디어의 이해』는 신 미디어에 의한 감각 혁명을 대담하게 시사하고 있다.

났다. 인쇄 매체는 균질성·획일성·선형성·반복 가능성 같은 경험 양식을 만들기 때문이다. 이러한 경험 양식의 변화가 공업 생산과 마케팅의 기초가 되었고 근대사회를 활짝 열었다. 인쇄매체의 독서(묵독)는 개인적인 행위이므로 지금까지 말로 성립되었던 부락사회와 부족사회를 해체하면서 하나하나 떨어진 개인(개인주의)의 집합을 만들었다. 그리고 각각의 개인이라는 균질성을 기반으로 하는 국가주의가 나타났다.

'인간의 경제 양식과 이에 동반되는 사회혁명은 미디어에 실린 내용보다는 미디어 그 자체이다(미디어는 메시지다)'가 맥루한 이론의 핵심이다. 이것을 부연 설명을 하면 다음과 같다.

보통 미디어는 텔레비전 화상이든 신문이든, 편의적인 것(매체

형식)이 아니라 메시지(정보)가 더 중요하다고 인식된다. 그러나 맥루한은 이러한 견해가 옳지 않다고 주장한다. 메시지의 내용과는 별개로 어떤 미디어에 의해 표시되고 전달되는가에 따라 고유의 작용이 일어나기 때문이다. 다시 말해 속 내용(정보)이 아니라 그릇(미디어)의 고유 효과가 얼마나 중요한지를 지적하는 것이다.

> 어떤 미디어든 그 내용은 언제나 별개의 미디어이다. (중략) 어떤 미디어(즉, 기술)든 그 메시지는 그것이 인간 세계에 도입한 스케일, 페이스, 패턴의 변화 바로 그 자체이기 때문이다.

이 책은 인쇄 기술의 발명과 감각·사회혁명도 이러한 시점, 즉 '미디어는 메시지'라는 시점에서 분석하고 있다. 인쇄매체에 이어 나타난 전화와 라디오, 텔레비전 같은 전기 기술이 가져온 인간의 경험과 사회의 변화에 초점을 맞추고 있는 것이다.

여기서 중요한 것은 전기기술의 정수인 텔레비전이나 미디어의 특징을 살펴보기 위해 '뜨거운 미디어'와 '차가운 미디어'의 구별이 이루어졌다는 점이다. 이들은 ① 고해상도의 미디어인가 저해상도의 미디어인가 ② 받아들이는 쪽의 참여성이 높은가 낮은가 ③ 단일 감각에 작용하는가 전신 감각에 작용하는가의 세 가지로 구별된다. ①의 고해상도인가 저해상도인가는 형태와 윤곽이 명확한 것과 그렇지 않은 것의 구별이다. ②의 참여성은 정부를 받는 쪽이 보충할 여지가 많은가 적은가에 의한 것으로, 각각 참여성이 높다 아니면 낮다로 구별된다. ③은 미디어에 의한 신체의 확장이 시각과 청각 등의 감각기관 중 하나에만 작용하는가 아니면 모든 감각기관을 포함하는가에 따른 구별이다.

이러한 구별을 한 후 고해상도+저참여성+단일 감각을 특징으로 하는 미디어를 '뜨거운 미디어'라고 부르고, 저해상도+고참여도+전신 감각을 특징으로 하는 미디어를 '차가운 미디어'라고 부르고 있다.

뜨거운 미디어는 데이터가 많기 때문에 받아들이는 쪽은 대상과 거리를 두기 어렵다. 참여성이 낮은 미디어이고 단일 감각이 사용된다. 이에 반해 저해상도의 미디어는 정보량이 빈약하기 때문에 받아들이는 쪽이 보충하지 않으면 안 된다. 참여성이 높고 전신 감각이 사용된다. 이 분류로 살펴보면 라디오는 뜨거운 미디어, 전화는 차가운 미디어, 사진은 뜨거운 미디어, 만화는 차가운 미디어, 강연은 뜨거운 미디어, 세미나는 차가운 미디어이다.

## 해독제

시각이라는 단일 감각만 사용하는 인쇄 기술은 전문 분화를 일으키면서 부족사회를 해체시켰지만 전신 감각을 쓰는 텔레비전은 전문 분화를 강요하지 않으므로 옛 부족사회가 갖고 있던 '직감'과 '통합적 공감력'이 되살아나 다시 부족사회를 만들었다. 재再부족화는 지구촌의 탄생으로 이어졌다.

다음 문장은 이 책의 서두에 있는 것인데, 전기 기술 미디어의 등장에 따른 인간 확장의 최종적 모습을 단적으로 드러내고 있다. 자동차는 발, 책은 눈, 의복은 피부, 전기회로는 신경계통의 확장이라고 말이다.

> 서양 세계는 3천 년에 걸쳐 기계화되고 세분화된 과학기술을 통해 '외폭발'을 계속해 왔는데 그것이 끝난 지금은 '내폭발'을 일으키고 있다. 기계의 시대에 우리는 그 신체를 공간으로 확장했다. 현재, 백 년 이상에 걸친 전기 기술을 경험하면서 우리는 그 중추신경조직 자체를 지구적 규모로 확장했다. 그 때문에 지구에 관해서는 공간도 시간도 사라져버렸다. 우리는 인간 확장의 최종 모습에 급속하게 가까이 다가갈 것이다.

경건한 가톨릭 신자였던 맥루한은 시각문화(인쇄매체)로 대표되는 단일 감각 미디어의 승리 때문에 분향(후각)과 명상(높은 참여) 같은 전통적 가톨릭 문화가 쇠퇴할 것을 우려했다. 그래서 전신으

보 메시지를 받아들이는 텔레비전 시대를 환영한 것이다. 그렇다고 해서 다음의 지적을 잊어서는 안 된다.

"정신의 절대적 고결함만으로는 박테리아를 막을 수 없다. 따라서 텔레비전에 대항하기 위해서는, 예를 들면 인쇄처럼 서로 관련되는 미디어 해독제를 갖고 있어야 한다."

# 소비의 사회

La Société de Consommation (1970)[5]

: 어디까지나 투명한 네오리얼리티

## 『그냥, 크리스털』

1981년에 일본에서 타나카 야스오田中康夫의 『그냥, 크리스털』이란 책이 간행되었는데 일약 베스트셀러가 되었다. 아오야마대학의 학생이라 기억되는 '유리由利'가 주인공이다. 소설 속 시간은 1980년 6월인데 그 무렵은 풍요로운 대중 소비 사회를 대변하는 '신인류'가 하나의 유행어로 자리 잡던 시기였다. 신인류란 1960년 이후에 태어난 세대를 일컬으므로 유리는 신인류의 선두주자격이다.

---

5   한글판 『소비의 사회』, 문예출판사(1992), 계명대학교출판부(1998).

# 13

장 보드리야르
Jean Baudrillard, 1929~2007 프랑스의 사상가.

『소비의 사회』는 사물은 곧 기호라는 의식의 범람과 시스템의 욕망을 표현했다.


　유리는 러시아와 벨기에의 피가 섞인 나오 奈緒(그녀도 유리처럼 모델이다)를 두고 '도대체 재의 정체성은 어디에 있을까'라는 생각을 끊임없이 한다. 또 '모델이 그녀에게는 맞다……. 모델은 정체성을 생각할 필요가 없으니까'라고도 생각한다. 정체성을 생각할 필요가 없다는 것은 나오에서 그치지 않는다. 소설 말미에 '30대에는 샤넬 슈트가 어울리는 분위기를 가진 여자가 되고 싶다'라고 바라는 유리 역시 그렇다. 아니, 소비가 삶의 내용이 되어버린 우리의 모습일지도 모르겠다. 『그냥, 크리스털』에는 '무슈 니콜', '나이키 스니커즈', '디오리시모' 같은 명품의 이름과 물건이 엄청나게 나와서 권말에 그 주역만도 442개나 붙었다.

## 시스템의 욕구와 소비

『소비의 사회』의 번역본은 『그냥, 크리스털』이 『문예』(1980년 12월 호)에 게재되기 1년 전에 간행되었다. 보드리야르는 이렇게 선언한다.

"소비(하다)라는 것이 최근까지는 경제학 전문용어 외에는 거의 사용되지 않았다. 하지만 지금은 식료품을 위한 일상적인 지출부터 위신을 세우기 위한 지출, 종국에는 축제의 개최까지 소비라는 말을 사용하게 되었다."

> 소비라는 말이 일상적으로 쓰이게 되었다는 사실은 역사를 바꾸는 새로운 사회적 현실의 출현을 상징한다. 좀 더 정확히 말하자면, 소비라는 말이 풍속의 일부가 돼야 비로소 소비도 존재하는 것이란 뜻이다. 이 말은 분석에 사용할 수 없는 '반개념'적이기 때문에 사람들을 당혹하게 만들기도 하지만 모든 가치의 이데올로기적 재편성이 일어났음을 우리에게 알리고 있다. 그러므로 현대사회가 소비사회라는 인식이야말로 객관적 분석의 출발점이어야 한다.

지금 사람들은 타인 속에서 살아가는 것이 아니라 고분고분하고 현혹적인 사물의 '침묵의 시선' 속에서 살고 있다. 사물의 리듬에 맞춰서 살고 있는 것이다. 이렇듯 이 책에서는 '사물(오브제)'이라는 말이 빈번하게 나오는데 사물을 '물체'와 구별하기 위해서이다. '물체'의 소비는 물건의 기능과 효용에 의한 사용이고 '사물'의 소비는 사회적 지위 등을 과시하기 위해 혹은 자신감이나 행복, 아름다운 분위기에 빠지기 위해 기호적으로 소비하는 것이다. 물체는 기호 내용이고, 사물은 기호 표현인 것이다. 사람들은 사물을 그 사용 가치에 따라 소비하는 것이 아니라 자신을 타인과 구별하는 기호로써 소비한다.

따라서 주체가 그 욕구 충족을 위해 물건을 소비한다고 보는, 이른바 경제학에서 말하는 소비의 공인된 이데올로기(물적 소비론)에서 벗어나야 한다. 그런데 현대의 소비행동에서 차이의 욕구라는 개인의 전략만을 놓고 본다면 소스타인 베블렌Thorstein Veblen이 『유한계급론The Theory of the Leisure Class』에서 말한 '현시적 소비'와 다를 바가 없다. 현시적 소비란 물건의 직접적 효용(사용가치)보다도 고가인 물건을 소비할 수 있다는 지위를 보이기 위한 소비를 일컫는다.

그러나 이 책의 독자성은 개인이 이러한 차이의 욕구를 실천함으로써 각자가 차이의 질서 속에서 위치가 규정되고, 질서를 재생산한다는 관점에서 분석을 하고 있다는 점이다. 그러므로 현시적 소비가 오로지 개인의 전략이라고 보는 베블렌과는 차이가 있다.

생산성의 증대 덕분에 충족되는 욕구는 시스템의 욕구이지 우리의 욕구가 아니다. 하지만 개인의 차별화 전략이 구조적 차별화에 속해 있기 때문에 개인의 욕구를 소비사회 존립의 이유로 삼고 있다.

> 소비의 사회 기능과 조직 구조가 개인적 레벨을 훨씬 넘어서는 무의식적인 사회적 강제가 되어 개인에게 강요된다. (중략) 소비에 의한 혜택은 이제는 더 이상 합당한 목적과 합리적 목적으로 나타나지 않고, 별도의 장소에 있는 개인 레벨에서 그 목적이 합리화로 나타난다. (중략) 사람들은 코드화된 가치 생산과 교환의 보편적 시스템에 포함된다. 모든 소비자는 자신도 모르는 사이에 이 시스템 속에서 서로 얽혀 있기 때문이다. 이런 의미에서 소비는 언어와 미개인의 친족체계처럼 의미작용의 질서이다.

따라서 소비는 결말이 있는 '가치 시스템'이고, 뒤르켐이 말하는 사회적 사실이다. 강제이고 도덕이며 제도이다. 시스템은 근면한 임금 노동자가 필요하지만 소비사회(성장사회)는 그 이상으로 '소비자'라는 인간이 필요하다. '소비의 노동자'가 필요한 것이다. 그러므로 소비사회는 소비 방식을 학습하고 훈련하는 사회이다. 사람들의 생활을 가장 즐겁게 만들어주는 것이 아니라 사람들을 게임 속 규칙에 참가시켜 훈련한다. 이렇게 해서 소비의 이데올로기는 미개사회의 신분적 의식이나 종교적 의식처럼 사회 전체의 통합 이데올로기가 된다.

## 기호의 합성인 개성

보드리야르는 생산성이 가속도로 증가하는 소비사회를 근원적인 소외의 시대라 부르고 있다. 소비사회가 노동 과정과 물질적 생산물뿐만 아니라 문화 전체, 성 행동, 인간관계, 개인의 충동까지 지배하기 때문이다. 모든 기능과 욕구가 객체화되고 이윤과의 관계로 다뤄지고는 그것으로 끝나지 않는다. 모든 것은 구경거리가 되기 때문이다. 즉 소비 가능한 이미지나 기호, 모델로 바뀌는 것이다. 기호를 흡수하고 기호에 흡수된 소비 과정에는 혼도 그림자도 분신도 거울에 비춰진 상도 잃게 된다. 존재의 모순도, 존재와 외관의 대립도 없다. 기호의 발신과 수신만 있을 뿐이다. 인격과 개성은 기호의 조합이기 때문에 개인은 소멸된다.

소설『그냥, 크리스털』에서의 투명하고 무기질적인 기분과 "정체성을 생각할 필요가 없다"라는 말도, 보드리야르의 "삶의 영위는 곧 기호소비"라는 말처럼 산업 시스템이 만들어낸 네오리얼리티 시대를 두 개의 거울로 서로 비춰본 것이라 생각하면 납득이 갈 것이다.『그냥, 크리스털』의 막대한 카탈로그 같은 주석 역시 책 앞머리에 나오는, 상품이 어지러이 널려 있는 잡화점의 풍경과도 비슷하다.

이러한 소비사회의 현실을 비난하는 소설은 적지 않다. 하지만 이러한 비난의 소설 자체가 소비사회의 신화로 다시 굳어졌다. 그렇다면 소비사회에서의 탈출구는 없는 걸까.

중세사회는 신과 악마로 균형을 이뤘다. 악마 주변에는 여러 이단과 흑마술[6]의 유파가 조직되어 있었지만 우리의 마술은 하얗다. 풍요로움 속에서 이단은 이미 존재할 수가 없다. 소비사회는 현기증도 역사도 없다. 예방적이고 위생적인 하얀 사회인 것이다.

보드리야르는 다음과 같은 말로 책을 마친다.

"하지만 우리는 사물이 무無라는 것을 알고 있기 때문에 '어느 날 갑자기 홍수와 해체解體의 과정이 시작되어 (중략) 흑미사[7]가 아닌 백미사를 때려 부술 그날을 기다리자."

---

6  이용자가 자신이 의도하는 대로 상대를 지배하려 하는 마술. 반대로 인류의 행복을 증진시키기 위한 마술은 백마술이다.
7  장례미사. 사제가 검은색 제의를 입은 데서 유래했다.

베스트
사회학
30

칼 만하임

베네딕트 앤더슨

피에르 부르디외

사쿠다 케이이치

히메오카 츠토무

# 4

# 이데올로기 / 문화 / 사회의식

# 보수주의적 사고

Das Konservative Denken （1927）

: 보수주의는 신사상

## 백 년 후 예측

한 십여 년 전만 해도 잡지의 특집으로 미래 예측 기사를 종종 볼수 있었다. 지금 생각해 보면 현실은 힘들고 고통스러워도 백 년후 사회의 예측이 희망적으로 펼쳐지고 그것을 흥미진진하게 읽을 수 있던 시대는 역시 행복했던 것 같다.

요즘에는 백 년 후 예측이란 기사를 거의 볼 수 없다. 고도성장시대에 자주 보이던 '미래학'이란 제목을 붙인 책도 거의 없다. 확실히 세상이 변하는 속도가 빠르기 때문일지도 모르겠다. 백 년 전의 백 년 후 예측에 비하면, 지금부터 백 년 후를 예측하는 것은 옛날에 1천 년 후를 예측하는 것만큼의 상상력이 필요할 테니 말이

# 14

## 칼 만하임

Karl Mannheim, 1893~1947  헝가리 출신의 독일 사회학자.

『보수주의적 사고』는 보수주의의 성립과
독일에서의 굴절된 낭만주의적 보수주의의 탄생을 묘사했다.

다. 이뿐만이 아니다. 올해보다 내년, 그리고 십 년 후, 백 년 후는 좀 나아지겠지 하는 진보와 성장의 역사의식이 공유되었던 시대와 공유되지 않은 시대 간의 차이도 크기 때문일 것이다. 최근 들어 진보주의적 혁신사상이 퇴색하고 갑작스럽게 보수주의에 대한 관심이 거대해지는 배후에는 이러한 역사의식의 변화가 있는 것이다.

## 전통주의·진보주의·보수주의

그렇다면 도대체 보수주의란 무엇을 말하는 걸까?『보수주의적 사고』는 우선 타성적 동물이라고 하는 인간 본성에 관여하는 보수주의와 일정한 역사 계급에서 등장하는 특정한 정치사상으로서의 보수주의를 구별한다. 전자는 미지의 것과 새로운 것을 기피하는 심적 소질을 말하는 보수주의인데, 만하임은 막스 베버의 용어를 그대로 써서 '전통주의'라 부르고 있다. 그리고 후자의 일정한 역사 계급에서 등장하는 정치사상만을 보수주의라는 용어로 부르자고 제안한다. 전통주의적 행위는 '반응적 행위'이지만, 보수주의는 '의미 지향적 행위'이기 때문이라며 말이다.

그렇다고는 해도 '전통주의'와 정치사상으로서의 '보수주의'가 전혀 관계없는 건 아니다. 전통주의가 반성적으로 된 것이 보수주의이기 때문이다. 하지만 이 전환을 위해서는 계기가 필요했다. 계기는 바로 프랑스혁명과 진보주의 사상이었다.

영국의 정치가이자 사상가인 에드먼드 버크Edmund Burke는 바스티유 감옥 습격(1789년 7월 14일)으로 촉발된 프랑스혁명과 그 사상에서 '어리석은 행동'과 '야만'을 보았고, 이어서 보수주의 사상을 개척했다. 버크는 이렇게 말한다.

"제도의 기초는 역사인데 그중에서도 특히 관습과 문화로 채워진 지혜, 즉 전통이다. 그러므로 프랑스혁명에서 표방된 자유와 평등 같은 추상적이며 보편적 이념에 바탕을 둔 혁명은 처음부터 좌절될 운명이었다."(『프랑스혁명에 관한 성찰』)

버크의 주장에서 볼 수 있듯이 보수주의는 진보주의 사상의 대두로 촉발되었고 전통의 재해석을 통해 근대에 태어난 사상임을 주의해야 한다. 헤겔의 역사적 현실에 관한 관념이 그렇듯이(『법의 철학』 서문) 보수주의적 사고도 미네르바의 올빼미가 황혼녘에야 날아오르는 것과 같은 맥락인 것이다.[1]

더욱이 보수주의와 진보주의는 단순히 정치적 입장이 다른 것에 그치지 않는다. 사상의 밑바탕이 되는 체험과 사고 양식에서도 크게 차이가 난다. 보수주의적인 체험과 사고라 함은 다음과 같은 것이다.

> 직접적으로 현존하는 것, 실제적이고 구체적인 것에 대한 집착이다. 이때 구체적인 것에 대한 감정이입적 체험이 일어난다. 하지만 당시에는 '구체적'이라는 말이 반혁명의 표식으로 사용되었다는 점에서 미루어 보수주의의 반영이란 단어가 어떤 것을 의미했는지 짐작할 수 있을 것이다. 구체적으로 체험하고, 구체적으로 사고한다는 것은 지금 인

---

1 미네르바는 로마 신화에 나오는 지혜의 여신으로 그리스 신화의 아테나와 동격인 신이다. 미네르바가 자신의 상징으로 삼은 새가 올빼미였고, 그래서 '미네르바의 올빼미'라 하면 지혜, 좀 더 나아가서는 철학을 상징한다. 올빼미는 밤으로 접어들 무렵에야 활동하는 동물이므로 '미네르바의 올빼미는 황혼녘에야 날아오른다'란 의미는 철학이라는 것이 어떤 문제 상황에 직접 개입하여 대안을 제시하지는 못하면서 그러한 일들이 끝난 다음에야 해석을 하려든다는 것을 비꼬는 것이다. 주로 철학의 위상에 대해 부정적인 의미로 인용되곤 한다.

간이 처해 있는 일정하고도 직접적 환경에서의 특수한 태도 그리고 독자적 활동 의욕, 모든 '가능적인 것', '사변적思辨的인 것'에 대한 극단적 혐오를 의미한다.

보수주의는 추상적인 이념이 아니라 현존하는 구체적인 것을 좋아한다. 건축에 빗대어 예를 들면, 진보주의는 먼저 설계도를 통해 합리적인 관련을 찾고 그것을 바탕으로 집을 지으려 하지만, 보수주의는 구체적인 생활 구석구석의 모습을 고찰한 뒤에 집을 지으려고 한다.

따라서 진보주의적 사고는 사물·인간·제도를 '기계'처럼 이용하고 합리적 사고의 대상으로 본다. 반면 보수주의적 사고는 이런 것들(사물·인간·제도)을 '생명체'로 보고 직감적·해석적으로 접근한다. 진보주의는 사물·인간·제도를 '당위'의 입장에서 바라보지만 보수주의는 자연스럽게 그렇게 된 '존재'로 바라본다. 진보주의자는 당대 환경 속에서 직접적으로 여기에 있는 현실을 사랑하지 않지만, 보수주의자는 기꺼이 받아들이는 애린愛隣 정신을 갖는다. 진보주의자의 체험과 평가는 제도의 전체를 향하고 있는 것에 비해 보수주의자의 체험과 평가는 각각의 사물에 집착한다.

이런 식으로 살펴보면, 사회과학자(이론 신앙)에 진보주의자가 많고 문학자와 예술가(실감 신앙)에 보수주의자가 많다는 말을 쉽게 이해할 수 있을 것이다. "역사를 꿰뚫는 강한 신념은 우리가 갖고 있는 애석한 마음이시 결코 인과의 쇠사슬이 아니다"라고 한 문학평론가 코바야시 히데오小林秀雄의 주장(『역사와 문학』)이 생각나는 대목이다.

진보주의와 보수주의는 시간 체험도 다르다. 진보주의는 현재를 미래의 발단으로 체험하고, 보수주의는 현재를 과거의 마지막 단계로 체험한다. 이에 따라 존재, 즉 '지금 바로 여기'에 있는 현실은 말할 것도 없이 더 이상 '나쁜 현실'이 아니라 의미가 가득 채워진 것이 되어 체험된다(만하임 『이데올로기와 유토피아Ideology and Utopia』).

서두에서 진보주의의 종언을 역사의식과의 관계를 중심으로 서술했는데, 정말로 시간 의식이 진보주의와 보수주의의 배후에 놓여 있음을 알게 되었다.


## 낭만주의적 보수주의에서 보수혁명으로

이렇게 해서 프랑스혁명이라는 외부로부터의 충격이 19세기 초, 독일이라는 독자적이고 역사적이며 정신적인 생활공간에 어떤 식으로 굴절되었는가를 살피는 지식사회학적 분석이 실시된다. 여기서 말하는 지식사회학이란, 사고(사상)를 독립적이고 추상적이며 순수 논리학적으로 분석하는 것이 아니라 사고와 사상을 만들어내는 역사적·사회적 상황이라는 구체적 구조를 이용해 그 속에서 사고를 이해하는(만하임 『이데올로기와 유토피아』 영어판 서문) 사회학을 말한다.

프랑스에서 일어났던 혁명은 지배자와 인민 간의 대립이었다. 이로 인해 귀족과 국왕, 교회는 상호 방위동맹을 맺었다. 하지만 독일은 프랑스와 그 사회적 구조가 달랐기 때문에 이데올로기로서만 혁명의 영향을 받았다. 그 결과 독일에서 일어난 것은 귀족과 관료 간에 벌어진 (지금까지 있었던) 동맹의 이완과 해체였다. 대신 귀족과 문필 지식인의 동맹으로 낭만주의적 보수주의가 나타났다.

계몽주의(진보주의)는 이성에 의해 세계상을 합리적으로 일관하려 했으나, 그 과정에서 탈락된 생명적 요소가 하나의 통일체로 모이게 되었다. 이것이 낭만주의이다. 독일의 시인 노발리스Novalis는 낭만주의를 다음과 같이 말했다. 만하임은 낭만주의에 관해 이것 이상 적절한 정의는 없다고 절찬했다.

> 세계는 낭만화되어야 하고 그럼으로써 사람은 다시 세계의 본원적 의미를 찾을 수 있다. 낭만화는 하나의 질적 강화임이 틀림없다. 이러한 조작을 통해 우리들의 낮은 자아는 보다 높은 자아와 일체화한다. 왜냐하면 우리 자신이 관계되는 질적 힘이기 때문이다. 이 조작은 아직 전혀 알려져 있

지 않다.

사악한 것에서 숭고한 의미를, 평범하고 진부한 것에서 신비적 용모를, 이미 알고 있는 것에서 미지의 것이 갖는 위엄을, 유한한 것에서 무한하고 눈부시게 빛나는 빛을 부여함으로써 우리는 세계를 낭만화한다.

귀족과 그 동맹자인 문필 지식인은 자신들을 무겁게 내리누르던 신분적 의욕을 낭만주의라는 정신적 수단을 통해 되찾았고 낭만주의적 보수주의를 꽃피웠다. 낭만주의가 신분적이 되고, 구 신분적 사고가 낭만주의적으로 된 것이다.

프랑스혁명의 충격으로 독일에서 태어난 낭만주의적 보수주의는 관료적 합리주의와 부르주아적 합리주의에 대한 대항 논리와 그 운동으로 변모한다. 지성보다 감성을, 이성보다 상상력이라는 낭만주의적 보수주의는 헨리 베르그송Henri Bergson의 '생의 철학'으로 계승되었고, 다른 한편으로는 조르주 소렐Georges Sorel의 『폭력에 대한 성찰Rflexions sur la violence』[2] 등을 통해 신디칼리즘 syndicalisme[3]의 생명철학까지 이어졌다.

이 논문은 1927년에 쓰였다. 그로부터 6년 후, 나치가 정권을 잡

---

2 한글판 『폭력에 대한 성찰』, 2007, 나남.
3 19세기 말에 등장한 노동조합 중심의 사회혁명운동.

은 뒤 엄청난 기세로 세계 침략에 나섰다. 나치는 낭만주의적 보수주의를 계승했지만 동시에 과학과 기술 등 진보주의도 적극적으로 받아들였다. 만하임이 이 논문을 썼을 때는 생각지도 않았던 비합리주의와 모더니즘을 통합한 보수혁명(반동적 모더니즘!)이 나타난 것이다.

사회학
베스트
30

# 상상된 공동체

Imagined Communities （1983）[4]

: 내셔널리즘의 탄생과 전파

## 상상된 정치 공동체

『상상된 공동체』는 큰 장벽 극복이라는 말에 합당하리만치 국민과 내셔널리즘에 관한 문제를 '파시즘'이나 '자유주의'가 다뤘던 상투적 사고에서 벗어날 것을 요구한다. 국민국가를 구성하는 것은 구체물인 국민도 아니고 언어와 민족의 기원도 아닌 '이미지로서 마음속에 상상된 정치 공동체'이기 때문이다.

아무리 소수의 국민이라 해도 그것을 구성하는 사람들은

---

4 한글판 『상상된 공동체』, 2018, 길.

## 15

## 베네딕트 앤더슨

Benedict Anderson, 1936~2015 영국 출신의 미국 정치학자.

『상상된 공동체』는 내셔널리즘의 구조를 문화이론으로 해독했다.

> 다른 대다수의 동포를 만난 적도 그들에 관하여 들은 적도 없지만, 한 사람 한 사람의 마음속에는 공동의 유대 이미지가 있다.

앤더슨은 상상의 공동체의 국민이라는 사고 양식의 기원을 이스라엘 공동체와 크리스트교 같은 종교 공동체 그리고 합스부르크 왕가 같은 왕조가 갖고 있는 상상의 공동체에서 찾고 있다. 종교 공동체는 성서에 있는 라틴어, 코란의 아라비아어처럼 '성스러운 언어'를 매개로 스스로를 우주의 중심이라 상상하는 공동체를 만들어왔다. 왕조는 우주적 섭리에 바탕을 두고 높이 솟은 왕을 중심으로 자연스럽게 조직되어 있는 상상의 공동체였다. 하지만 경제적 발전, 사회적·과학적 여러 발견, 가속화되는 커뮤니케이션 속에서 종교 공동체와 왕조를 유지시켜 주던 기본적 문화 관념(우주론적 질서)은 붕괴되어 갔다.

그래서 새로운 상상 양식이 필요해졌는데 이 재편에 커다란 역할을 한 것이 출판 자본주의였다. '출판어'에 의해 많은 사람들은 전혀 새로운 방식으로 스스로에 관해 사고하고, 자신과 타인을 관계 지을 수 있게 되었다. 대표적으로 사용되던 언어가 프랑스어, 영어, 스페인어라고 해도 구어는 다양해서 대화로는 서로를 이해하기 어려웠지만, 인쇄물을 통해서는 상호 이해할 수 있게 되었다.

이 과정에서 그들은 자신들의 이 특정 언어라는 장場에는 수십만, 아니 수백만이나 되는 사람들이 있다는 점, 그리고 이들 수십만, 수백만의 사람만이 소속된다는 사실을 점차 의식하게 되었다. 출판에 의해 결속된 독자들은 세속적이고 특정적이며 가시적·불가시적인 것을 통해 국민이라 상상되는 공동체의 싹을 형성했다.

그렇다고 해서 출판어가 공통의 언어를 통해 결속된 독자들을 단숨에 국민(국가)화한 것은 아니다. 신문과 근대소설이 상이한 장소에서 동시에 진행되는 '균질하고 공허한 시간'(벤야민) 관념이 나타났다는 게 중요하다.

근대소설에서 독자는 마치 전지적 신처럼, A가 C에게 전화하고, B가 물건을 사며, D가 당구를 치는 모든 것을 동시에 바라볼 수 있었다.

> 이러한 모든 행위, 즉 시계와 달력상의 같은 시간에, 그러나 서로가 알지 못하는 행위자에 의해 이루어지는 행위는 저자가 독자의 머릿속에 만든 상상의 세계가 얼마나 신선한 것인지 보여주고 있다.

이러한 상상 양식은 세계를 사건의 확장으로 사고하게 했고, 국민국가라는 균질 공간으로 묶는 사고 양식이 되었다. 어느 한 사람의 미국인은 당연히 국민국가의 구성원이지만 평생 그가 만나고 알게 되는 사람 수는 한정되어 있다. 그럼에도 불구하고 그는 익명의 미국인에 의한 동시적인 활동을 확신할 수 있는 것이다.

**다양한 내셔널리즘**

이상을 내셔널리즘의 원론으로 하면서 세계사적으로 국민국가의 등장을 살펴보자.

18세기 남북 아메리카에서 생긴 '크레올Creole 내셔널리즘', 10세기 유럽의 '민중언어 내셔널리즘', 더 나아가 '공정 내셔널리즘'이 추출되었다.

크레올이란, 유럽계 혈통을 가진 자가 남북 아메리카(얼마 안 있어 유럽 이외의 전 지역)에서 태어난 것을 말한다. 영국과 스페인 같은 유럽 본국에 돌아가지 않고 식민지에서 관직을 편력했던 크레올 엘리트에 의한 남북 아메리카 혁명과 독립 공화국 성립은 출판 자본주의와 함께했던 크레올 내셔널리즘에 의한 것이라고 앤더슨은 말한다.

유럽의 민중언어 내셔널리즘은 남북 아메리카의 크레올 내셔널리즘에 자극을 받아 속어가 국민적 출판어가 되면서 생긴 민족주의이다. 남북 아메리카의 독립과 프랑스혁명에 관한 출판물이 모델이 되었고 그 해적판이 만들어졌다.

공정 내셔널리즘은 민중언어 내셔널리즘의 대두로 권력을 위협받던 왕조와 귀족이 만든, 다시 말해 응전을 위한 반동 내셔널리즘이다. 인도인의 영국인화처럼, 오래된 왕조제국과 새로운 국민원리를 폭력적이고 의식적으로 용접해 자기 권익을 유지하려 했다.

내셔널리즘 최후의 물결은 아시아와 아프리카의 식민지에서 용솟음쳤다. 이곳에는 크레올 내셔널리즘, 민중언어 내셔널리즘, 공정 내셔널리즘이 복잡하게 섞여 있다.

내셔널리즘의 단면 그 자체가 참신할 뿐만 아니라 '상상된 공동체'는 말할 것도 없고, '순례', '언어학·사전편찬혁명', '해적판의 작성', '모듈'[5] 등 문화 분석을 위해 응용 가능한 광범위한 콘셉트가 곳곳에 있다. '상상된 공동체'는 미디어사 등에서도 독자공동체[6]를 구분하기 위해 사용되기도 한다. 종합잡지를 통한 '논단', 문학잡지를 통한 '문단' 등의 독자공동체, 나아가 청소년 잡지를 통한 청년공동체, 소녀 잡지를 통한 소녀공동체 등이 이것이다.

앤더슨은 이 책의 서두에 "내셔널리즘이라 하는 '이즘(주의)'의 영역에서 홉스와 토크빌Alexis de Tocqueville, 마르크스, 베버에 견줄 만한 사상가가 나타나지 않았기 때문에 비록 정치적 영향력이 크긴 하지만 '철학적으로 빈곤하고 지리멸렬하다'"라고 쓰고 있다. 그러나 이 책이 내셔널리즘론의 명저라는 사실은 의심할 바 없는 사실이다.

---

5  규격화된 독자 기능을 갖는 교환 가능한 구성 요소.
6  만난 적 없어도 출판물을 통해 만들어지는 '우리'라는 감정.

# 구별짓기

La Distintion （1979）[7]

: 중간계급 문화의 슬픔

## 계급사회와 학력사회

영국의 저명한 사회학자 홀시A. H. Halsey는 '계급에 사로잡힌 사회'를 키워드로 영국 사회론(『변모하는 영국사회Change in British Society』)을 전개한 적이 있다. 나 역시 영국에 머물 당시, "아내는 전형적인 중류계급 출신입니다"처럼 일상 대화에서 '계급'이라는 말이 쓰여 놀라곤 했다.

일본의 경우 '계급' 대신에 종종 쓰이는 것이 '학력'이지 싶다. '계급사회'나 '계급 지배'보다는 '학력사회'나 '학벌 지배'가 더 실

---

7   한글판 『구별짓기 상, 하』, 2005, 새물결.

# 16

## 피에르 부르디외

Pierre Bourdieu, 1930~2002  프랑스의 사회학자.

『구별짓기』는 계급과 차이를 재생산하는 문화자본의 개념을 세웠다.


감나는 용어인 것이다. 그러므로 일본 사회론은 학력이나 입신출세의 시각에서 전개되곤 했다.

그런데 1980년대 중반, 임금 같은 현금흐름 측면은 물론이고 자산, 저축 같은 스톡stock 면에서 격차가 벌어지기 시작했음을 시사하는 『신 계층소비의 시대』가 큰 반향을 일으켰다. 정치가와 저명한 학자, 스타 연예인의 자녀가 부모와 같은 지위에 오르는 주니어(2세) 현상도 이즈음부터 나타났다. 격차사회가 사회문제로 대두된 것이다. 격차가 학력과 입신출세를 위해 쓰이기 시작하면서 가라앉아 있던 '계급' 문제가 다시 표면으로 떠올랐다.

## 문화자본

이러한 계급 현상을 생산하고 다시 재생산하는 것은 무엇일까? 이 책에서는 그것을 '문화자본'이라 말하고 있다. 문화자본은 가정과 학교 등으로 상속되고 여기서 획득함으로써 얻는 유형·무형의 문화적 소유물을 가리킨다. 경제자본처럼 축적이 가능하고, 다른 자본으로 변환할 수 있기 때문에 이익도 생기고 남보다 뛰어난 결과를 얻을 수도 있다. 문화자본은 지식, 교양, 기호 등의 '신체화된 문화'부터 서적과 그림 등의 '객체화된 문화', 그리고 학력과 자격 등의 '제도화된 문화'까지 두루 미친다.

가진 자가 점점 더 갖는 구조는 가정으로 상속된 문화자본이 교육 달성(학력學力과 학력學歷)에 유리한 이점이 되면서 생긴다. 상류계급의 가정에는 정통문화가 축적되어 있기 때문이다. 정통문화는 고급이고 가치가 높다고 간주되는 문화이다. 클래식 음악과 고전문학은 정통문화이고, 유행가와 대중소설은 정통문화와는 거리가 있다. 학교에서 교육되는 것은 문화일반이 아니라 이러한 정통문화이다. 상류계급의 자녀는 가정에서 (정통적) 문화 능력을 물려받는다. 가정의 문화자본은 문화자본이 제도화된 형태인 학력자본으로 변환된다. 게다가 학력자본은 사회적 지위로 바뀌어 경제적 이익도 낳는다.

이러한 반복, 즉 문화와 교양에 의한 계급의 재생산 구조는 겉으로 뚜렷하게 드러나지 않는다. 문화 상속은 재산이나 화폐, 귀족 칭호처럼 그 자리에서 곧바로 상속되지도 않는다. 긴 시간이 필요한 것이다. 게다가 상류계급의 문화적 능력은 상속이라기보다는 획득된 것 혹은 능력과 재능이라 오인되면서 승계된다. '역시 머리카락이 곧고 가지런한 사람은 취미도 훌륭하고 두뇌도 영특하다'라는 해석이 이런 예이다.

에밀 뒤르켐 등 이전까지의 사회학자는 문화의 사회통합 기능에 주목했던 것에 반해, 부르디외는 문화의 지배와 복종 작용에 주목하고 있다. 문화와 교양이라는 무상의 행위가 사실은 물질적이고 추상적인 이익의 최대화를 향한 실천이고, 계급화와 선별에 관여한다는 문화의 정치경제학(상징 지배)을 명확히 한 것이다.

물론, 상속되고 신체화되어야 할 문화자본이 결여되어 있더라도 노력과 재능을 통한 학력자본 획득이 불가능하지는 않다. 하지만 어린 시절부터 가정에서 무의식적이고 체험적으로 정통문화를 습득한 문화유산 상속자와 학교제도를 통해 정통문화를 의식적이고 계통적으로 습득한 문화유산 비상속자는 학력자본 획득 양식의 잔존 효과 때문에 문화적 실천이 다르게 나타난다. 문화유산 비상속자, 즉 학교제도를 통해서만 습득된 정통문화는 어색하고 '끈으로 엮여지지 않은 염주알' 같기 때문이다.

문화유산 상속자는 '문화귀족'이고, 문화유산 비상속자는 '문화벼락출세자'이며, 그 어디에도 속하지 않는 사람은 '문화서민'이다. 문화귀족의 문화자본은 태어나면서부터 얻는 것이니만큼 신분자본이라고도 말할 수 있다. 부르디외는 이렇게 말한다.

> 이러한 신분자본은, 다시 말해 테이블 매너와 회화술, 음악적 소양, 예의범절, 테니스 치는 법, 발음 등 다양한 문화 습득에 관련해, 정통적 문화를 일찍부터 익혔기 때문에 갖게 된 많은 이점 덕분에 더욱 증폭된다.
>
> 선행세대의 몸에 밴 문화자본은 일종의 유리함으로 작용되고, 그 집에 새로 태어난 사람은 자신의 입장에서 매우 친숙한 모형 속에서 실현된 문화 사례들을 처음부터 단번에 소유하게 된다. 즉, 태어난 그 순간부터 가장 무의식적이며 가장 자연스러운 방식으로 정통적 문화의 기본요소를 익히는 것이다. 부적절한 습득 형태를 취했을 경우에 나타나는 불편을 해소하기 위해 필요한 탈교양화, 교정, 보정 등의 작업을 할 필요가 없다.

그렇다고 부르디외의 계급론이 문화자본을 경제자본으로 대체한 것은 아니다. 문화자본과 경제자본의 일치하지 않는 부분도 함께 다루고 있다. 자본 총량과 자본 구성비를 구별한 뒤 이것을 함께 다룸으로써 다음과 같은 계급의 사회 공간이 그려졌다.

노동자계급과 비교하면 대기업 경영자나 대학교수는 자본 총량

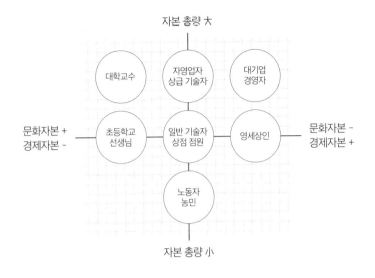

이 크다는 점에서 같은 쪽에 속한다. 하지만 대기업 경영자와 대학교수를 비교하면, 대기업 경영자는 경제자본의 비중이, 대학교수는 문화자본의 비중이 더 크다. 즉 자본 구성이 다르다는 말이다. 이렇게 해서 계급의 사회 공간이 구성된다. 세로축은 자본 총량의 많고 적음을, 가로축의 왼쪽은 자본 구성으로 문화자본+(플러스), 경제자본-(마이너스), 가로축의 오른쪽은 문화자본-, 경제자본+라는 4분할 공간이다.

대기업 경영자는 이 사회 공간에서는 오른쪽 윗부분에 위치하고, 대학교수는 왼쪽 윗부분에 있다. 자영업자와 상급 기술자는 그 사이에 위치한다. 초등학교 선생님은 자본량은 중간이지만 문화자본+, 경제자본-이기 때문에 사회 공간에서는 한가운데의 왼쪽에 위치한다. 영세상인은 한가운데의 오른쪽에 위치한다. 일반기술자나 상점 점원은 초등학교 선생님과 영세상인 사이에 위치한다. 이들보다 아래쪽에 노동자와 농민이 위치한다.

위쪽에 위치하는 부르주아계급 문화는 경제적 필요성 면에 구속되어 있지 않고 '자유롭고 화려한' 취미를 구사한다. 반대로 아래에 위치하는 서민계급은 실용과 결부된 '필요' 취미가 이루어진다. 양자의 중간에 있는 중간계급은 서민계급과의 차이와 상승지향에 묶여 있기 때문에, 조금이라도 문화답게 보인다면 일단 뭐든지 경외심을 갖고 바라보며 과거의 귀족적 전통을 깊이 생각지도 않고 숭배하는 문화적 선의의 사람이 되기 쉽다.

한편 이것은 사회 공간의 제3의 차원(세대 간과 세대 내의 이동 형태)도 다루고 있다. 같은 대학교수라고 해도 대학교수의 자녀가 대학교수가 되었는지, 노동자계급의 자녀가 대학교수가 되었는지하는 사회적 궤도(세대 간의 이동 형태)가 행동방식 등의 아비투스 habitus[8] 차이를 일으킨다. 본인 자신에 관해서도 소경영자에서 대기업 경영자가 되었는가 혹은 관료에서 대기업 경영자가 되었는가도 동일한 사회적 궤도 효과를 갖는다. 니체는 학자의 특이체질

---

[8] 부르디외 사회학 이론에서 가장 핵심적인 개념으로 '체화(體化)된 사회적 습관'으로 이해할 수 있다.

속에서 학자의 이력과 가족을 짐작할 수 있다면서 "변호사의 아들이 학문 쪽으로 성공했다 해도 변호사일 수밖에 없을 것이다"(『즐거운 지식』)라고 했다.

## 공중에서 내려다보는 특권

부르디외는 프랑스 남서부 마을의 우편국 직원의 아들로 태어났다. 지방의 서민계급 출신인 것이다. 부지런하고 공부도 잘했던 부르디외는 수재들이 모이는 명문 리세에 진학해 1951년, 에콜 노르말 쉬페리외르Ecole Normale Supérieure[9]에 입학한다. 입학하고 주변을 살펴보니, 에콜 노르말 쉬페리외르를 비롯한 그랑드 제콜 Grandes coles[10]에는 파리 거주 특권계급의 자녀가 많다는 점, 그리고 자신 같은 지방 서민계급 출신의 학생은 적다는 것에 생각이 미친다. 문과계 노르마리앙Normaliens[11]은 고전어의 숙달이 필수였기 때문에 어린 시절부터 세련된 언어능력을 익히고 있어야 했다. 따라서 문과계 노르마리앙은 도시의 교양 있는 가족, 즉 고급관사·자유 전문직·대학교수 등의 가정 출신자가 많았던 것

---

9  고등사범학교.
10  고등 교육기관을 통칭.
11  에콜 노르말 쉬페리외르의 재학생·졸업생.

이다.

이때 부르디외 앞에는 두 갈래 길이 있었으리라 여겨진다. 하나는 '오블레이트oblate'의 길이다. 오블레이트란, 원래 종교제도의 도움을 받았기 때문에 그 종교제도에 전면적으로 헌신하여 그 시스템을 충실히 재생산하는 자를 말하는데, 의미가 확대되어 학교제도의 도움을 받았으므로 학교제도에 충성을 바치는 사람이 되는 것을 말한다. 하지만 부르디외는 그 길을 걷지 않았다. 프랑스 문화귀족의 전당인 에콜 노르말 쉬페리외르에서 체험했던 어색함을 학문의 원동력으로 삼았기 때문이다. 부르디외는 이 책이 아닌 다른 곳에서 이렇게 말하고 있다.

나는 대학의 행복한 구성원이 아니었고, 수업 시간에는 기적과 맞닥뜨린 수도승의 놀라움 같은 그런 것도 경험해보지 못했다.

부르디외는 장소를 잘못 골랐다는 의미로 공중에 매달려 있는 것 같다는 표현을 썼다. 그 경험을 학문적으로 심화시켜 부르주아 문화와 밀접한 정통문화 장치를 폭로해 계급 현상을 철저하게 해부했다. 공중에 매달린 상태는 날카로운 심리적 갈등을 수반하지만, 반성적인 의식을 활성화해 문화와 사회의 뻔한 모습을 답습하지 않고 인식론적인 아르키메데스의 점[12]에 설 수 있게 만들어주었다. 부르디외는 공중에 매달린 상태를 학자로서의 특권으로 바꿔 이용한 것이다.

---

12  고대 그리스의 철학자 아르키메데스가 충분히 긴 지렛대와 그것을 놓을 장소만 주어진다면 지구라도 들어 올릴 수 있다고 주장했던 것에서 유래한다. 관찰자가 탐구 주제를 총체적 관점에서 객관적으로 지각할 수 있는 가설적 지점을 말한다. 연구 대상에 대한 자신(관찰자) 제거하기와 연구 대상들을 그 밖의 모든 것들과의 관계 속에서 고찰하는 한편 각각 독립적인 것으로 보는 관점을 묘사할 때 인용하는 말이다.

# 가치의 사회학

價値の社會學 〔1972〕

: '수줍음'이라는 아름다운 문화

## 푹 빠져든 수업

벌써 오래전 일이다. 한 주간지에 영화평론가인 사토우 타다오佐
藤忠男 씨가 이 책에 앞서 5년 전에 간행된 『수줍음의 문화재고』
의 서평을 쓴 적이 있다. 『수줍음의 문화재고』를 읽고 비로소 사회
학이 참 재미있는 학문임을 알았다는 취지의 글이었다. 꽤 오래전
에, 그것도 길지 않은 짤막한 글을 지금까지도 기억하고 있는 이유
는 서평 내용이 사쿠다 케이이치 연구에 대한 당시 필자의 생각과
딱 들어맞았기 때문이다.

필자가 대학에 입학했을 즈음 미국 사회학은 전성기를 누리고
있었다. 그중에서도 탤컷 파슨스의 사회학 이론이 유명했다. 파슨

# 17

## 사쿠다 케이이치

作田啓一, 1922~2016 일본의 사회학자.

『가치의 사회학』은 근대 일본의 가치 유형을 사회 시스템과 관계하여 분석했다.


스의 사회학 이론은 사회 시스템과 행위 시스템, 퍼스널티 시스템을 역할 개념과 문화(규범) 시스템 개념을 이용해 통일적으로 설명하려 한 일반이론이다. 형태의 변수라든가 가치지향의 체계, AGIL 도식(이 글 후반부에 설명) 등의 추상도가 높은 개념으로 구성되어 있는 만큼 일상적인 사고와 거리가 있어서 다소 난해한 사회학 이론이다.

일본 사회학자가 쓴 파슨스의 해설서나 논문도 한 번 시도해 봤지만 이해하는 데 별 도움이 되지 않았다. 아니, 도움이 되기는커녕 원서보다도 더 이해하기 어려웠다. 충분히 이해하고 있지 못한 것을 마치 원서에 충실한 듯이, 수수께끼 같은 문체로 썼기 때문이었다. 사회학이란 것은 역시 재미없는 학문이라는 생각을 갖게 만들 정도였다.

그럴 때, 이 책의 저자인 사쿠다 케이이치의 수업을 접하고는 사회학에 대한 인상이 180도 달라졌다. 아무것도 모르는 철없는 시절이라 그랬을지도 모르지만, 넓은 교실에는 수강생이 달랑 대여섯 명이었다. 저자의 강의는 그때 당시 머리에 생각나는 것을 설명해 주는 방식이었기 때문에 쉬운 사회학 입문은 아니었다. 2학년에게는 다소 어려웠지만, 저자의 사고思考의 배후를 뒤좇고 있는 듯한 기분이 들어서 이내 점점 빠져들었다.

## 타테마에와 혼네

나중에 안 것이지만, 당시 강의 시간에 한 수업이 다음해 '가치와 행동'이라는 표제로 『최신 사회심리학 5. 문화와 행동』에 수록된 논문이었다. 이 책의 '3장 가치의 제도화와 내면화'와 '7장 가치체계의 전전戰前과 전후戰後'는 그 논문을 가필한 것이다.

이 책은 이론편(제1편 사회적 가치의 이론)과 분석편(제2편 일본사회의 가치체계)으로 구성된다. 여기서는 분석편의 '7장 가치체계의 전전과 전후'를 중심으로, 이론편의 '3장 가치의 제도화와 내면화'를 포함하면서 소개하고자 한다.

'7장 가치체계의 전전과 전후'의 전반부인 '가치의 이중구조-

타테마에建て前[13]와 혼네本音[14]'는 일본 사회의 가치 시스템과 사회 시스템의 접합 문제를 다루고 있다. 이 두 시스템은 원래 갈등을 내포하고 있다. 가치(바람직한 것)는 어떤 상황에 대해서도 일관되길 바라지만 행위 체계인 사회는 외부 환경과 교섭하면서 지속돼야 한다는 현실적 요청이 있기 때문이다. 양자(가치 시스템의 일관성과 사회 시스템의 현실적 요청)의 충돌 부분에서 타테마에와 혼네로 나눠진다. 그러므로 타테마에와 혼네의 분리는 어느 사회에도 존재하는 것이며, 문제로 삼아야 할 것은 그 분리의 특징적 형태이다.

확실히 근대 일본은 아시아의 다른 사회와 비교할 때 전통적 가치(집단주의와 부모 자식 간의 관계에서 오는 온정주의 등)의 근대적 가치(개인주의와 민주주의 등)에 대한 저항력이 약했기 때문에 근대적 가치는 타테마에, 전통적 가치는 혼네로 각각 사용되었다. 그런데 이렇게 나뉘어서 사용되는 것이 의식적이고 목적 합리적인가 하면, 그렇지 않다. 타테마에의 형식을 한 혼네와 혼네의 형식을 한 타테마에라는 '전논리적前論理的 상호 침투'의 특징 때문이다.

저자는 이러한 구별 사용에 관해 다자이 오사무太宰治의 『인간 실격』에 등장하는 호리모토堀本라는 속물에 초점을 맞춰 다음과

---

13  겉으로 나타나는 외적인 행동이나 말.
14  속마음, 진심.

같은 설명을 한다. 호리모토는 보헤미안 스타일을 따르면서도 사생활은 뼛속부터 부모에게 효도하는 자식인 양 행동한다. 하지만 유럽의 근대소설에 등장하는 전형적인 속물은 호리모토와는 정반대 타입으로 등장한다.

> 유럽 근대소설에 등장하는 전형적인 속물은 모든 상황에서 타테마에로밖에 행동할 수 없는 인물이고 상황의 미묘한 뉘앙스에 둔감한 타입이다. 플로베르Gustave Flaubert의 소설『보바리 부인』에 등장하는 남편이 바로 그 전형적인 인물이다. (중략) 하지만 일본의 근대소설에서는 속물이 전형화되어 있지 않다. 오히려 속물 중에서도 가장 생동감 넘치는 조형 중의 하나인 호리모토의 경우, 세간의 겉과 속을 간파하고 인정의 미묘함에 눈뜬 인물로 그려지고 있다. 하지만 속물이 아닌 부분, 즉 마이너리티에 속하는 부분에서 주인공은 한결같이 '겉과 속을 구별해서 쓰지' 못하는 인물로 그려진다.

역시 나쓰메 소세키夏目漱石의 소설(『도련님』)에서의 '도련님'은 반속물이고 "학교라는 곳은 꽤 정감이란 게 존재하는 곳이라 그런 서생류가 단박에 잘될 순 없지요"라며 도련님을 힐난하는 '빨간 셔츠'와 '너구리'가 속물이다.

## 업적·공헌·화합·충족

'7장 가치체계의 전전과 전후'의 후반부(가치체계의 구조와 변동)는 이론편(3장 가치의 제도화와 내면화)에서의 소설을 분석하는 구조로 되어 있다. 저자는 가치를 '갖고 싶은 것'이 아니라 '바람직한 것'으로 보고 있다. 그렇다면 가치는 사회 전체의 요구에 합치돼야 바람직한 것이 된다. 그러므로 사회의 요구를 특정화하지 않으면 안 된다. 왜냐하면 여기에 대응하면서 가치(바람직한 것)의 유형이란 어떤 것인지 구성할 수 있기 때문이다. 사회의 요구는 탤컷 파슨스의 AGIL도식으로 추출한다.

AGIL도식이란, 시스템 존속을 위해 충족돼야 하는 기능적 요건(사회의 요구)을 열거한 것이다.

Ⓐdeption(적응): 자원을 외부에서 조달해 외적 상황에 적응해야 한다는 기능적 요건이다.

Ⓖoal-attainment(목표달성): 조달된 자원을 기반으로 목표를 달성한다는 기능적 요건이다.

Ⓘntegration(통합): 시스템의 여러 단위를 통합한다는 기능적 요건이다.

Ⓛatency(잠재성): 긴장 처리와 형태의 유지(동기 조정)라는 기능적 요건이다.

AGIL은 국민국가부터 기업, 소집단 등 다양한 사회 시스템에 적용할 수 있는 기능적 요건의 일반 이론이다. 국민국가에 대입해 설명한다면 '적응'은 경제가, '목표 달성'은 정치가, '통합'은 법률과 도덕이 '긴장 처리·형태의 유지'는 가족과 문화가 담당한다.

문화적 가치는 이 네 개의 활동과 양립되는 방식으로 제도화된다. 각각의 기준에서 나온 가치가 '업적(적응 차원)', '공헌(목표 달성 차원)', '화합(통합 차원)', '충족(동기 조정 차원)'이다.

이 분석 구조를 통해 전전과 전후 일본의 가치 시스템의 동태와 변동이 그려지고 있다. 전전은 공헌 가치나 화합 가치와 양립되는 범위 안에서만 인정되던 미약한 충족 가치가 전후에는 비대화되었고, 그 때문에 일종의 무질서 상태(아노미)가 일어났다. 그래서 충족 가치의 비대화에 반하는 공헌 가치를 전전과 같은 형태로 특히 교육을 통해 국민에게 주입하려는 움직임이 강해졌다. 하지만 그것은 '왼쪽으로 기울어져 있는 저울을 오른쪽으로 기울게 하려는 강제 작용'에 불과했다. 오히려 '화합 가치'와 '업적 가치'가 '공헌 가치'와 '충족 가치' 사이를 이후 어떤 식으로 매개할 것인가가 문제였다. 게다가 가치의 갈등이야말로 사회의 정상적인 상태라는 시각이었기 때문에 높은 허용기준에서 최적으로 통합되도록 사회를 어떻게 구축할 것인가 역시 놓칠 수 없는 문제였다.

1960년대에 쓰인 논문이지만, 사私(충족)와 공公(공헌)이라는 상투적 이항대립 논의를 뛰어넘는 시각을 갖고 있어 지금까지도 그

시사성이 크다.

또 '8장 부끄러움과 수치'는, 죄는 개인의 내부에 있는 규제 원리이고 부끄러움은 개인의 외측에 있는 규제 원리라는 루스 베네딕트Ruth Fulton Benedict의 수치의 문화론(『국화와 칼』) 중 '수치(부끄러움)'에 주목해 재구성했다.

저자는 베네딕트가 말하는 '부끄러움'은 소속집단을 기준으로 우열 감정에 따른 것이지만 '수치'는 소속집단을 뛰어넘는 준거집단 등의 관점에서 생긴 부끄러운 감정이라고 주장한다. 따라서 '죄의 문화'와 '부끄러움의 문화'라는 단순 이분법이 아니라 '수치'라는 부끄러움의 변화형을 죄와 부끄러움 중간에 넣어야 한다는 것이다. 저자는 다음과 같이 말하고 있다.

> 너무 부끄러워하는 일본인은 사대주의와 권위주의에 대해 아무것도 하지 않으며 소극적으로 저항해 왔다. 이 전통은 미래로 이어지는 것이므로 재평가되어야 할 것이다.

『가치의 사회학』은 1950년대부터 60년대 초기 사회 시스템론의 영향 속에서 쓰인 것이지만 외국산 사회학 개념을 기계적으로 응용한 것이 아니라 언제라도 다시 쉽게 이용할 수 있으면서도 근대 일본의 심층 구조를 선명하게 보이고 있다. '익숙한 것의 의미가 변용되는' 사회학적 흥분의 또 하나의 일례이다. 이 말은 새로운 재료의 발견이 아니라 사회학적 분석 구조의 날카로움과 깊이로 이루어졌다는 의미이다. 동시에 사회학의 기존 개념을 근본부터 다시 생각하고 재구축할 것을 요구하고 있다. 이러한 독창적인 의견이 문학작품의 깊은 독해에서 시작되었다는 것도 매우 흥미롭다. 지금도 필자가 대학 2학년 때 사쿠다 케이이치의 수업에 빠져들게 했던 힘은 바로 이것이었다고 생각한다.

# 가족사회학론집

家族社會學論集 (1983)

: 의리와 인정의 상극

## 은사

독자 중에 저자의 이름을 아는 사람은 많지 않을 것이다. 그의 프로필은 『근대일본사회학자소전』에서 찾을 수는 있다. 저자는 필자의 학부와 대학원 시절의 지도교수였다.

히메오카 츠토무는 근대 봉건사회에서의 사회의식과 가족사회학을 중심으로 한 실증적 연구를 후세에 전했고, 만년까지 연구를 게을리하지 않았다. 이 책의 편저자도 언급하고 있듯이 저자에게 이러한 테마로 연구하고 싶다고 말했더니, "자네가 생각하고 있는 것은 이미 다른 누군가가 썼던 것이네. 그러니 문헌을 잘 찾아보게"라고 했단다. 평소의 저자는 말수가 적었지만 술자리에서는

## 18

**히메오카 츠토무**

姫岡勤, 1907~1970 일본의 사회학자.

『가족사회학론집』은 근대 봉건사회의 사회의식 연구를 담고 있다.

촌철살인의 월단평月旦評[15]이 이루어졌다. 동료 교수를 지명하고 는 "그 사람은 학자가 될 게 아니라 ○○ 같은 직업을 갖는 게 좋 을 뻔했어"라고 말하든가, 대학원생을 지칭하면서 "연구자로 대 성하고 싶은 마음일랑 갖지 말고 좋은 교육자나 되세요"라고 해 서 어찌 보면 혹독했다. 하지만 저자는 자신을 자랑하는 말은 전혀 하지 않았고, 연구에도 지극히 엄격했기 때문에 그의 인물평은 설 득력이 있었다.

---

15  사람에 대한 평. 중국 후한(後漢) 때 허소(許劭)라는 사람이 매월 초하루마다 마을 사 람들의 인물을 평했다는 데서 유래했다.

## 호의에 대한 보답

『가족사회학론집』은 저자의 열세 번째 기일을 기념해서 고인의 교육을 계승한 카미코 타케지上子武次가 정리한 논문집이다. 권두에 수록되어 있던 것이 「의리의 관념과 그 사회적 기초」인데, 이 논문은 1944년 제1호 간행된 일본 사회학회 학술지인 『사회학연구』에 게재된 것이다. 그로부터 반세기 정도 지나 사회학자 야스다 사부로安田三郎는 이 논문을 다음과 같이 평했다.

"전전戰前과 전후戰後를 통해 의리의 사회적 연구에서 가장 중요한 것은 히메오카의 대 논문이다. 이것은 전전 일본 사회학의 최고 수준을 가늠할 수 있는 연구라 해도 과언이 아니다."(「의리에 관해」 『현대 사회학』 1호, 1980)

은사이기 때문에, 또 은혜와 의리 때문에 이 책을 명저로 고른 것이 아니라는 의미이다. 이 논문이 발표된 1944년과 현재를 비교하면 그때가 훨씬 의리나 인정이란 말이 일상용어로 많이 쓰였다. 그렇다고는 하나 '의리 때문에'라는 말을 듣고 사무치게 괴로워하거나 안타까워하던 시대는 아니었다. 다시 표현하자면 당시는 의리의 쇠퇴기였다. 그렇다면 의리가 무엇인가를 알기 위해서는 그것의 전성기를 살펴봐야 할 것이다. '만개한 꽃의 아름다움은 꽃봉오리 때는 아직 알 수 없고, 시든 꽃에서는 짐작조차 할 수 없다'처럼 의리의 전성기인 근대 봉건사회를 살던 사람들의 가슴속에

들어가야 하는 것이다.

그러나 당시 사람들은 이미 저 세상 사람이 되었으므로 치카마츠近松[16]나 사이카쿠西鶴[17]의 작품, 교훈서, 수필 등을 자료로 삼아 그 의식을 찾아야 한다.

이 논문이 '사회학적' 사회의식 연구인 이유는 의리라는 근대 봉건사회의 독특한 사회관계를 바탕으로 설명하고 있기 때문이다. 그 사회관계로 추출된 것이 무사의 주종관계에서 보이는 수직적 사회관계와 촌락민 간의 이웃관계인 수평적 사회관계이다. 전자는 상하관계에서의 의리이고, 후자는 평등관계에서의 의리라는 특징을 갖고 있다.

전자의 주종관계부터 살펴보자. 근대 봉건사회는 전투가 없어진 평화로운 시절이었다. 주군과 아랫사람 사이에는 운명 공동체의 감정이 약해지고 서로 떨어져 분립하려는 균열이 시작된 사회였다. 주군을 향한 아랫사람의 몰아적 헌신이 아니라 보은(주군의 은혜 = 지식과 행동)에 의무의 감정이 삽입되었다. 그 결과 보은이 의리가 되었다. 의리의 의미가 확대된 것이다.

후자의 이웃과의 관계에 바탕을 둔 의리는 다음과 같다. 촌락은 하나의 통일적 유기체이고 고도의 자치제도를 갖고 있었다. 상호

---

16　17세기 일본의 대표적인 극작가.
17　17세기 일본의 시인이자 소설가. 풍속소설을 주로 썼다.

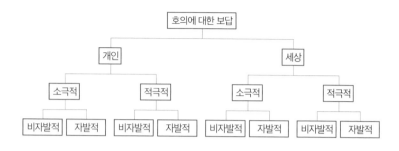

부조의 범위도 넓었다. 하지만 가족 같은 일체감은 없었으므로 이웃 관계는 전면적이긴 하지만 병립적(자타의 분립)이기도 했다. 이웃에 대한 의리가 생기기 쉬운 사회관계였다. 또 빈번한 만남을 통해 특정 개인을 향한 의리가 쉽게 생겨나기도 했다.

이렇게 근대 봉건사회의 사회관계에서 의리의 바탕을 찾아낸 뒤 의리의 형태를 다음과 같이 정리했다.

① 호의에 대한 보답의 의리
② (약속이나 언어의 의리 같은) 계약에 대한 충실의 의리
③ 신뢰에 대한 호응의 의리
④ 도의의 의리: 무사적 도의, 조닌町人[18]적 도의, 농민적 도의

---

18  에도시대(17세기) 도시에 살고 있던 상인계층 사람.

저자는 위와 같은 네 종류의 의리 중에서 가장 중요하고 일반적인 것이 '호의에 대한 보답의 의리'이고 다른 세 개의 의리 형태는 이것에 귀결시켜 생각할 수 있다고 했다. 호의에 대한 보답의 의리는 보답의 대상이 '세상'인지 '개인'인지에 따라 구별된다. 게다가 각각은 '적극적'인가 '소극적'인가로 구별되고, 다시 행위자의 심정과 결부되어 '자발적'인가 '비자발적'인가로 구별된다. 호의에 대한 보답이 적극적이란 말은 상대에게 불이익이 되는 행위를 삼간다거나 스스로 불이익을 떠맡아 상대에게 화가 미치지 않도록 하는 것 등이다. 호의에 대한 보답이 비자발적이란 말은 호의에 대한 보답이 사회의식적 강제력에 따르는 것을 말한다. 세상에 대한 의리의 경우 비자발적인 것이 많다.

　④도의의 의리 중에서도 비자발성의 사례는 의리로 행하는 복수이다.

　가장 자발적인 의리라 해도 그것이 하나의 사회의식인 이상 사회의식의 넓은 의미인 '구속성'을 지니고 있다. 반대로 비자발적인 의리 행위이기 때문에 마음으로는 반대하더라도 행위로 나타난다는 의미에서 '자발적'인 행위라고 말할 수 있다.

　그러므로 저자는 자발성과 비자발성을 살필 때 비록 정도의 문제이긴 하지만 분석적으로 구별되므로 철저하게 주의할 것을 당부한다. 또 자발적인 의리는 아래에서부터의 의리이고, 비자발적인 의리는 위에서부터의 의리이며, 의리와 인정의 상극에 있는 의리는 위에서부터의 의리라고 말한다.


## 의리는 본질적으로 무사·농민의 의식

이러한 의리는 단순한 교환관계가 아니라 자타의 분립을 전제로 하면서도 전면적인 관계 속에서 생긴다. 그러므로 의리는 이익사회에서가 아니라 공동사회에서 번성한다. 그렇다면 원래부터 의리는 공동사회에 살던 무사와 농민의 사회의식이지, 이익사회에서 살던 조닌의 사회의식은 아니라는 말이 된다. 여기서 '아니, 의리가 조닌의 의식이 아니라고?'라는 의문이 생길 것이다. 저자가 연구 자료로 쓴 치카마츠의 작품 등은 조닌을 제재로 하고 있기 때문이다. 혹은 '아니야, 조닌이야말로 의리와 인정의 굴레 때문에 가장 괴로워하고, 때로는 의리 때문에 따라 죽기도 했어'라는 반발도 가질 수 있다.

이 점에 대해 저자는 다음과 같이 말하고 있다. 저자의 깊은 해석력이 특히 잘 드러나므로 이 논문에서 가장 훌륭한 부분이기도 하다.


> 물론 조닌이라 해도 의리의 관념은 충분히 갖고 있었다. 치카마츠 같은 조루리浄瑠璃[19]가 주로 조닌을 관객층으로 했

던 점을 고려해 볼 때 조닌 관객과 아무 상관없는 관념을 늘어놨다면 성공할 수 없었을 테니 말이다. 그들도 역시 무사와 농민처럼 의리에 살고 의리에 죽는 분위기였을 것이다. 특히 자아의식이 눈뜨기 시작한 조닌에게 의리와 인정의 모순된 체험은 특별한 것이었다. 치카마츠의 작품 속에 등장하는 조닌은 너무나 무사같이 그려지는 반면, 무사는 조닌의 변장으로밖에 생각할 수 없을 정도로 표현된 경우가 있다. 의리의 세계에 매몰되어 있던 무사에게 의리와 인정의 상극을 긍정한다는 것은 심적으로도 표면적으로도 받아들일 수 없는 것이었다.

하지만 이에 반해 조닌은 의리의 긍정자이면서 동시에 인정의 긍정자였다. 아니 때로는 의리의 부정자이기까지 했다. 치카마츠의 통속 이야기를 읽으면 조닌의 의리가 선명하게 그려지고 있다. 작품 속 대부분의 주인공은 의리에 파묻혀 죽음을 선택한다. 표면적으로 보면 이것은 인정의 패배이고 의리의 승리이기 때문에 의리는 조닌의 지배적 관념인 듯이 보인다. 이것을 두고 '의리라는 것은, 무사적 도의의 조닌화된 이념'이란 정의를 함부로 내리는 자들에

---

19　사미센(일본 전통악기)의 반주에 맞추어 특수한 억양과 가락을 붙여 엮어 나가는 이야기의 일종.

게 일종의 증거 자료가 될 수도 있다. 하지만 의리의 승리라는 표면에 그치지 말고 의리 때문에 죽은 자의 무언의 항의에 귀를 기울여야 한다. 의리는 본질적으로 조닌의 사회의식이 아니라 무사와 농민의 것이다.

치카마츠도 조닌이 너무 의리에 똘똘 뭉쳐 있으면 부자연스럽다고 여겼는지 예전에는 무사였다거나 일족 모두 무사였다는 식의 복선을 깔고 있다. 또 무사와 농민 중에는 의리를 공공연히 부정하는 자가 없지만, 조닌한테는 그런 자가 많다는 것 또한 의리가 조닌의 지배적인 사회의식이 아님을 증명하고도 남는다.

이 책에는 이 논문 이외에 근대의 '가부장적 지배', '효의 관념', '친자관계', '부부의 상하관계' 등을 다룬 논문이 수록되어 있다. 모두 당시의 많은 문헌을 자료로 삼아 사회구조와 사회관계를 설명하고 있다. 근대 봉건사회의 사회의식 연구의 금자탑인 것이다.

어빙 고프먼




해럴드 가핑클




피터 버거·토머스 루크먼




폴 윌리스

# 5

행위와
의미

# 자아 연출의 사회학

The Presentation of Self in Everyday Life（1959）[1]

: 인기를 노린다

## 사기꾼과 냉각

이 책(원서)이 나오기 조금 앞서서 고프먼은 「봉의 냉각On Cooling the Mark Out, 1957」이라는 재미있는 논문을 발표했다. 돈을 벌게 해주겠다며 접근한 사기꾼에게 속는 봉[2]에 관한 연구이다.

　평소 봉은 자신이 빈틈없는 인간이라고 생각했기 때문에 이렇게 감쪽같이 속으면 자존심이 크게 상한다. 한편 사기꾼도 자신에게 당한 봉을 그대로 방치하면 자신을 쫓아오거나 경찰에 신고하

---

1　한글판『자아 연출의 사회학』, 2016, 현암사.
2　어수룩하여 이용해먹기 좋은 사람.

## 19

어빙 고프먼
Erving Goffman, 1922~1982　미국의 사회학자.

『자아 연출의 사회학』은 사람과 사람 사이의 상호 행위를 연기자와 관객의 입장에서 분석한다.


거나 혹은 자신에 관해 나쁜 평판을 퍼뜨려서 이후 사업을 지속하기 어려워질 수 있다. 이럴 때 사기꾼 무리 중의 한 명이 봉에게 다가와 "이번에는 운이 나빴네" 같은 말로 분노를 가라앉혀 봉이 자신의 실패를 수용하고 조용히 원래의 생활로 되돌아갈 수 있도록 상황을 정리해 준다. 이런 사람을 '쿨러(냉각자)'라 하고, 체면과 자존심의 실추를 최소화해서 실패를 크게 확대하지 않는 것을 '쿨아웃(냉각)'이라 한다.

　사기꾼은 봉이 경찰에 신고하는 것을 두려워한다. 똑같이 직장 상사는 부하가 사장에게, 학교 교사는 학부모가 교장에게 불만을 토로할까 봐 두려워한다. 아내가 남편과 이혼하고자 할 때, 남편이 "아내에게 딴 남자가 생겼기 때문이다"라는 말을 퍼뜨린다거나 남편 쪽에서 먼저 재판을 걸어온다면 그녀 입장에서는 상당히 곤란하다. 불친절한 종업원이나 맛없는 요리 때문에 기분이 상한 손님을 다독이는 것은 레스토랑의 지배인이 해야 할 역할 중 하나이다. 또 고객서비스 조직에는 '고객 고충 처리반'이라는 직업적 쿨러가 설치되어 있다. 중대한 실책을 저질러 해고할 사람을 '희망 퇴직'으로 처리한다거나 박사논문의 '내부심사'를 통해 논문 거부를 은밀히 내부화하는 모습을 연상하면 이해가 쉬울 것이다.

사기를 당하는 사람은 극히 적지만 사회생활은 실패의 연속이라 해도 과언이 아니기 때문에 실제 생활에서 '냉각'은 여러 형태로 작동되고 있는 것이다. 고프먼은 '쿨 아웃'이라는 말을 사기꾼들의 은어에서 차용해 와 사회학 용어로 삼았다.

'그럼 이 논문은 사기꾼의 섬세한 수법을 밝히는 사례 연구인가?' 하면서 읽어 내려갔더니 그게 아니다. 앞부분은 이런 식으로 주장이 전개되면서 점차 사회의 비밀을 풀어내는 것이다. 나도 모르게 저자의 능수능란함에 압도되고 말았다.

## 인상 조작

이 책은 직장 상사와 부하, 상점에서의 쇼핑, 부부의 손님 접대 같은 일상에서 흔히 일어나는 대면적 상호작용 장면에 초점을 맞취 사회의 비밀을 밝힌다. 그러기 위해서 대면적 상호작용 상황을 '극장'으로, 행위자(에고)를 '퍼포머(연기자)'로, 타인을 '오디언스(관객)'로 설정한다.

퍼포먼스(연기)의 동기이자 목적은 오디언스의 호의를 얻는 것이다. 그러기 위해 인상을 조작하고 그 결과로 얻는 자기 이익을 추구한다. 대학생의 취업 면접이 바로 그 예이다. 학생들은 면접관에게 좋은 인상을 주기 위해 인상을 조작하는 데 여념이 없다. 길지 않은 면접 시간 동안 자신의 외견과 행위가 자신의 됨됨이로 해석됨을 알고 있기 때문에 잘 계산된 퍼포먼스를 수행한다. 자신에게 불리한 인상을 감추고 복장과 얼굴 표정, 행동거지에 온 신경을 쏟는다. 한편 면접관(채용 담당자)은 피면접자(학생)가 다양하게 위장하고 있음을 알기 때문에 무의식 중에 나오는 피면접자의 표정이나 행동 같은 통제하기 어려운 측면에서 그 진면목을 파악하려 한다. 취업 면접 장면은 허식의 제시와 숨김, 발견의 정보게임인 것이다.

반대로 이타적 동기와 이타적 목적이라면 사람은 퍼포먼스를 하지 않게 되지 않을까? 아니다. 여기도 역시 퍼포먼스가 이루어진다. 차량 정비소의 종업원이 차의 안전성을 점검하고 나서 곧 "괜찮습니다"라고 말해도 여전히 걱정스러운 운전자는 안심하지 않는다. 이럴 때 종업원은 필요 이상의 시간을 들여 필요치 않은 부분까지 점검한다. 이것도 퍼포먼스이긴 하지만 자기의 직무에 충실하고 상대를 배려할 때 나타나는 퍼포먼스이다. 물건을 팔기 위해 허위 인상을 주는 나쁜 판매원의 퍼포먼스가 아닌 것이다. 그럼에도 불구하고 성실한 이 종업원도 상대(운전자)가 잘못된 인상을 갖지 않도록 퍼포먼스를 한다.

진실을 전하려고 하는가, 혹은 허위를 전하려고 하는가에 관계없이 자신의 퍼포먼스에서 불신을 부르는 표현을 배제하고 의도하지 않은 의미를 오디언스가 알아채지 못하도록 신경 쓰면서 자신의 퍼포먼스를 적절한 표현으로 나타낼 필요가 있다.


## 사회의 원액


여기서, 야구 심판이 하는 퍼포먼스를 생각해 보자. 미묘한 판정의 순간에서도 지체 없이 크고 과장된 행동으로 명확하게 판정을 내리는 퍼포먼스를 어떻게 이해해야 할까? 심판이 자신의 입장을 옹호하고 자기 이익을 위해서 하는 퍼포먼스라고 단정할 수도 있겠지만, 상황 전체(시합)의 질서 유지를 위한 퍼포먼스라고도 할 수 있다. 심판이 주저하면서 판정에 시간을 끌면 오디언스는 당혹스러워하게 되고 경기는 엉망이 되기 때문이다.

필자도 방금 다룬 사례와 비슷한 경험을 한 적 있다. 스무 명 남짓 모인 작은 학회의 연구발표회였다. 발표 주제는 '하베이 삭스

Harvey Sachs의 회화 분석에 관해서'였다. 그런데 발표자가 '삭스의 회화 분석'이라고 말해야 할 부분을 '섹스의 회화 분석'이라고 말해버렸다. 필자는 성실하고 학자다운 면모를 갖고 있는 발표자의 발음 실수가 좀 의아하기도 했지만, 그것보다는 '섹스의 회화 분석'이라는 일련의 단어들 때문에 그만 웃고 말았다. 그런데 참석자 중 누구 하나 웃는 사람이 없었다. 오디언스 사이에도 마치 아무 일도 없었다는 듯한 분위기(잘 헤아린 무관심)였다.

말실수라는 불운한 퍼포먼스로 인해 생긴 낭패와 곤혹을 일컫는 일종의 아노미가 '잘 헤아린 무관심'이라는 오디언스의 퍼포먼스에 의해 회피된 것이다. '무관심'에 덕분에 '학회 연구발표의 장'이라는 상호 행위 질서가 지켜진 것이다.

사람들의 모임에는 자기 이익이나 이타 때문에 이루어지는 퍼포먼스 외에 '모임'이라는 상호 행위의 질서 유지가 중요하다. 이 책의 독자성이 바로 상호 행위라는 독립권역을 구성함으로써 그 질서 유지가 묵계되고 있음을 명백히 했다는 점이다. 사실을 숨겨서 상황의 안정성을 유지하려는 공모共謀가 모여 상황이 유지되는 것이다. 여기에는 사회의 원액이 존재한다. 그래서 이 책은 다음과 같은 결론을 내고 있다.

　　이 보고서의 중요 부분은 사회적 만남의 구조―사회생활에서 사람들이 직접 다른 사람 앞에 섰을 때 존재하기 시작하는 여러 사상의 구조—이다. 이 구조의 핵심은 상황에 대해 단일의 정의를 유지할 것, 이 정의는 표출되어야 하고 무수한 잠재적 교란의 속에서도 유지되어야 한다는 것이다.

그렇다면 왜 사람들은 상호 행위의 질서를 유지하려 하는 걸까? 이 문제에 관해서는 이 책 다음에 나온 저서(『모임의 구조Forms of Talk』나 『상호작용 의례Interaction ritual』 등)에서 전개되고 있는데, 간략하게 말하면 이렇다. 상황에 적합한 행동을 함으로써 자기 존엄을 얻을 수 있기 때문이다. 장소에 어울리지 않는 행동은 사교에 악영향을 주고, 반면에 빈틈이 없는 사람은 사교의 영웅이 된다. 이런 생각의 배후에는 신이 사라진 뒤의 세속화 사회에 대두된 인격 숭배가 있다.

인격 숭배는 상호 경의함으로써 체면을 유지하는 의례를 통해 보존된다. 전근대사회의 사람은 모르는 사람이 말을 걸면 불쾌하게 여기거나 노골적으로 적의를 드러냈지만, 현대의 우리는 타인을 정중하게 대한다. 캐치 세일즈catch sales[3]가 이루어 질 수 있는 것도 이러한 인격 숭배와 그것을 보존하는 체면 유지의 의례를 공유 사항으로 갖고 있기 때문이다.

오디언스의 눈을 의식한 퍼포먼스 인간이라 하면, 우디 앨런

---

3  설문조사, 경품 제공 등으로 유인해서 상품을 파는 방식.

Woody Allen[4]의 작품에서 보이는 그런 분위기를 연상하는 영화팬도 있을 것이다. 고프먼에 관한 사회학적 전기를 정리한 이브 윈킨 Yves Winkin은 고프먼과 우디 앨런을 나란히 두고 이렇게 말했다.

"두 사람 다 신체적 조건도 민족적·사회적 출신(유대계 중산계급)도 같다. 그들의 작품은 하나같이 대작이고 작품은 독창적이며 지적이다. 게다가 자신이 속한 세계를 넘어 많은 사람들이 그들의 작품을 받아들이고 있다. 그리고 둘 다 심각하게 비참하다."

---

4  〈한나와 그 자매들〉 등의 감독·작가·배우.

# 에스노메소돌로지

Studies in Ethnomethodology (1967)

: 일상의 지식을 향해

## 객관주의와 주관주의

필자는 대학에서 교육사회학 개론을 강의하고 있다. 수업의 전반기에는 사회과학의 방법론을 강의하는데, 그때 버렐Gibson Burrell과 모건Gareth Morgan이 간략하게 정리한 표를 사용한다. 이분법에 의한 사회과학 방법론인데 처음 배우는 사람에게 적합하다.

사회과학의 방법론은 ① 존재론 ② 인식론 ③ 인간성 ④ 방법론 중 어떤 전제 가설을 쓰는가에 따라 크게 객관주의와 주관주의로 구분된다.

① 존재론의 가정이란 연구하려는 현실이 개인의 의식 외부

# 20

해럴드 가핑클
Harold Garfinkel, 1917~2011  미국의 사회학자.

『에스노메소돌로지』에는 그 명명자인 가핑클 외의 다른 대표 논문을 수록하고 있다.


에 확고히 존재하는가, 아니면 개인의 의식에 의해 만들어진 것인가 하는 가정의 차이이다. 전자의 가정이 '실재론'이고, 후자의 가정이 '유명론唯名論'이다. 유명론은 현실세계를 구축하고 있다고 여겨지는 개념과 용어가 사실은 실재의 모사가 아니라 인간이 만들어낸 인위적 창조물이라고 본다. 이 말을 다음과 같이 생각하면 좀 쉬울 것이다. '늑대'가 실재하기 때문에 '늑대'라는 용어가 있는 것이 아니라, '늑대'란 용어에 의해 '늑대'가 실재하는 것이라고 말이다.

②인식론의 가정은 지식의 근거 가정인데 ①과도 관련이 있다. 인간은 어떻게 해서 세계를 이해하고 그것을 지식 삼아 다른 사람

## 주관-객관차원

| 주관주의자의<br>사회과학에 대한<br>어프로치 | | 객관주의자의<br>사회과학에 대한<br>어프로치 |
|:---:|:---:|:---:|
| 유명론 | ←———— 존재론 ————→ | 실재론 |
| 반실증주의 | ←———— 인식론 ————→ | 실증주의 |
| 주의주의 | ←———— 인간성 ————→ | 결정론 |
| 개성기술적 | ←———— 방법론 ————→ | 법칙정립적 |

**사회과학의 성질에 관한 여러 가정을 분석하기 위한 도식**

출처: 바렐/모건, 『조직이론의 패러다임』, 1979

에게 전달하는가 하는 가정이다. 지식은 확고한 실재이고 구체적
으로 전달 가능하다는 가정이 '실증주의'이고, 반대로 지식은 그
리 명확하지 않고 주관적이라는 가정이 '해석주의(반실증주의)'이
다. 실증주의는 구성 요소 간의 규칙성과 인과관계를 설명해 예측
하려 한다. 이에 반해 해석주의는 사회현상에서의 규칙성과 일반
법칙을 들춰내는 것이 아니라 연구하는 대상을 구성하고 있는 사
람들의 활동과 의미 부여 과정을 이해하려 한다.

그리고 ③인간성에 관한 가정이 있다. 이것 역시 ①존재론 ②인
식론과 관련이 있다. 인간은 환경에 대해 기계적 혹은 결정론적

으로 반응한다는 섯이 '결정론'이고, 이에 반해 인간은 환경에 의해 결정되기보다는 환경의 창조자라는 입장이 '주의주의主意主義'이다. 인간과 환경의 작용력에서 환경의 결정적 영향력에 비중을 둘 것인가, 아니면 인간 자립성에 초점을 둘 것인가에 따르는 구분이다.

이상 세 가지 가정에 따라 사회현상에 대한 접근 방식이 달라진다. 실재론·실증주의·결정론의 입장에서 보면 사회적 세계는 개인의 의식을 뛰어넘는 외적이고 객관적인 실재이기 때문에 자연과학 같은 보편적 법칙을 탐구하려 한다.

이에 반해 유명론·반실증주의·주의주의의 입장에서 보면 사회적 세계는 참가자의 의식과 의미 부여 행위의 소산이고, 일반적이고 보편적인 것보다는 참가자의 특수한 주관적 세계를 설명하고 그 이해(개성 기술적)를 강조한다.

## 에스노메소돌로지란

방금 살펴본 이분법으로 설명하자면 뒤르켐의 자살론은 객관주의에 입각한 사회학이고, 에스노메소돌로지는 주관주의에 입각한 사회학이다. 에스노메소돌로지의 특징을 단적으로 설명하자면 다음과 같다.

> 에스노메소돌로지란 사회 구성원이 갖는 일상적 사건이
> 나 구성원 자신의 조직적 계획과 관련된 지식의 체계적 연
> 구를 말한다.

객관주의(실증주의)처럼 사건을 바깥쪽에서 접근하는 것이 아니
라 참가자의 인지와 의미 부여가 장면 속에서 어떻게 만들어져 가
는가를 두고 장면을 구성하고 있는 사람들의 입장에서 접근하는
학문이란 의미이다. 그렇다면 귀에 익숙지 않은 에스노메소돌로
지는 도대체 어떤 방법을 말하는 것일까? 명명자인 가핑클은 이
렇게 말한다.

> 어디에서 에스노메소돌로지라는 이름을 따왔는지 궁금
> 할 것이다. 나는 예일대의 비교문화 지역파일HRAF[5]을 맡고
> 있었다. 이런 이름을 찾아내리라고는 생각지도 못한 채 그
> 냥 리스트를 읽고만 있었다. 이런 말을 하면 실례가 될지 모
> 르겠으나, 표어를 그냥 죽 읽고 있는 것처럼 말이다. 그런데
> 에스노보타니(민족식물학), 에스노피지올로지(민족생리학),

---

5  예일대의 비교문화 연구소를 일컫는다.

에스노피직스(민간의술)란 항목이 눈에 들어왔다……. 이렇게 해서 '에스노메소돌로지(민속방법론)'를 쓰기 시작한 것이다.

에스노ethno란 '민족' 혹은 '사람들'이란 의미이므로 에스노보타니라 하면 각 민족이 그들의 방식에 따라 일구고 있는 그들 특유의 식물학이다. 과학자(전문가)에 의한 식물학이 아니라 비전문가의 식물학인 것이다. 에스노히스토리라 하면 신화나 민간으로 전승된 각 민족의 비전문 역사학이다. 따라서 에스노메소돌로지는 '에스노 = 사람들'과 '메소드 = 방법'에 관한 '솔로지 = 학學'이 된다. 사람들은 자신의 일상을 무의식 속에서 합리적이고 이해할 수 있는 방향으로 영위하는데, 여기서의 행위와 규칙은 너무도 명백해서 의식되지 않는다. 이러한 암묵의 인지와 의미 부여인 '현장의 지식집성'을 골라 서술함으로써 어떻게 질서가 형성되는가를 밝히는 연구이다.

이 방법적 절차가 '에스노메소돌로지적 무관심'이다. 실증주의 사회학자는 사회 구성원의 활동을 두고 진실은 무엇인가, 무엇이 중요한가 하는 초월적·외재적·객관적 접근 방식을 취하지만, 에스노메소돌로지는 이러한 태도를 봉인하고 철저하게 상황 내재적으로 사람들의 행동이나 실천적 지식을 관찰한다.

## 수형자 코드

그렇다면 구체적으로 어떠한 연구가 이루어지고 있는지 살펴보자. 이 책에는 사람들의 현실 지각이 어른과 어린이, 정신병자 등 일상 회화의 카테고리화를 통해 일어난다는 '회화 분석'을 비롯해 여러 대표적 논문이 수록되어 있다. 그중에서도 가장 압권인 것은 로렌스 위더Lawrence Wieder의 「수형자 코드」이다.

이 논문은 (마약환자) 치료센터의 직원과 피수용자에 대한 연구이다. 저자인 위더는 직원도 아니고 수용자도 아닌 입장에서 시설에 들어가 관찰을 실시한다. 그는 맨 먼저 피수용자가 '규칙The Code'이라고 부르는 것을 발견했는데 그것은 다음과 같다.

① 무엇보다도 특히 고자질만은 하지 말 것
② 자백하지 말 것
③ 다른 거주인 (피수용자)의 약점을 이용하지 말 것
④ 가진 것을 나눌 것
⑤ 다른 거주인을 도울 것
⑥ 다른 거주인의 이익을 방해하지 말 것
⑦ 직원을 신뢰하지 말 것—직원은 경찰이다.
⑧ 거주인들에게 자신의 성실성을 보일 것

이 코드를 위반하면 '배신자'나 '아첨꾼'이란 꼬리표가 붙어 교류에서 배제되는 등의 제재가 뒤따랐다.

이 논문은 이런 수형자 코드를 발견하고 설명한 뒤 그냥 끝내고 있는 것이 아니다. 앞에서 보인 수형자 코드는 피수용자만 알고 피수용자만 구속하는 게 아니라 직원도 수형자 코드의 내용과 그 사용법을 알고 있었다. 그뿐 아니라 시설 내부에서 일어나는 문제행동을 두고 직원은 수형자 코드에 비춰 해석하고 이해한다. 일부러 거친 행동을 하는 수형자를 대하는 직원은 '직원과 너무 친밀해지는 것을 경계하기 위해' 이렇게 거친 행동을 하고 있는 것이라고 수형자 코드를 통해 해석한다. 수형자 쪽도 '나는 그런 걸 당신에게 말할 수 없어. 만일 그러면 배신자가 돼' 같은 수형자 코드를 내세우면서 처신한다. 이렇게 해서 수형자와 직원은 수형자 코드를 끊임없이 되풀이한다. 수형자 코드는 시설에서 일어나는 다양한 사건을 설명해 주고, 그런 기능을 갖고 있는 만큼 더욱 확고부동해진다. 수형자 코드를 말하는 대화와 시설의 상황에 상호 반영이 일어나는 것이다. 수형자 코드를 말한다는 것은 단순한 기술이 아니라 시설 생활 그 자체가 된다.

> 센터에서 주고받는 대화를 이해하기 위해 코드가 환기되고, 코드를 언급하고, 코드에 의존한다. 이것은 단순히 센터의 생활을 기술하기 위해 이용하는 것이 아니다. 이들의 대

화는 센터에서의 생활을 동시적으로 만든다. 또 그 자체가 코드에 의해 지배되고 관할되는 사물의 영역 속에 포함된다. 이러한 의미에서 코드를 포함한 대화는 그것이 생긴 장면 속에서 (상황과 대화가) 상호 반영적이다.

이 책은 수형자 시설 내의 부분적인 사건과 아무렇지도 않게 일어나는 대화 등을 충실히 관찰해 기술함으로써 외재성과 구속성을 가진 사회적 사실(여기서는 수형자 코드를 기반으로 한 질서)이 생성되는 모습을 밝혔다. 수형자 코드라고 하는 액체가 질서라는 고체가 되는 순간의 스냅사진인 것이다.

사회학
베스트
30

# 실재의 사회적 구성
The Social Construction of Reality （1966）[6]

: 기능이 아니라 의미

## 기능주의 패러다임에 대한 회의

제2차 세계대전 후에 전성기를 맞은 미국의 사회학은 거장들을
많이 배출했다. 탤컷 파슨스와 로버트 머튼Robert K. Merton이 주
창한 기능주의 덕분이었다. 기능주의는 통상 과학을 위한 패러다
임이 되었다. 패러다임이란 과학자 집단이 문제 발견과 문제 해결
을 위해 근거로 삼는 사고의 구조를 말한다.

전쟁 전 일본 사회학계의 모습은 독일과 프랑스 사회학자의 사
회학 이론과 학설을 연구하는 것이 주류였다. 베버와 짐멜, 뒤르켐

---

6   한글판『실재의 사회적 구성』, 2014, 문학과지성사.

# 21

피터 버거
Peter L. Berger, 1929~2017 오스트리아 출신의 미국 사회학자.

토머스 루크먼
Thomas Luckmann, 1927~2016 독일의 사회학자.

『실재의 사회적 구성』은 사회구축주의의 뿌리가 된 네오지식사회학을 설명한다.

같은 거장이 다 그쪽에 있었기 때문이다. 당시의 미국 사회학자였던 로버트 파크Robert E. Park나 로버트 매키버Robert M. MacIver를 연구하는 사람은 소수에 불과했다. 그런데 전쟁이 끝난 후 미국에 대한 충격은 이루 말할 수 없을 만큼 컸고, 일본 사회학계도 이내 미국 사회학 중심으로 바뀌었다. 필자의 졸업논문도 머튼의 기능주의에 관한 것이었을 정도니 말이다.

기능주의란 사회를 시스템이라 보고 사회적 행위가 구조의 유지와 안정에 어떻게 작용하는가의 과정을 밝히는 접근 방식이다.

기능주의 패러다임 이해를 위해 사회 속의 불평등은 피할 수 없는 것이라는 기능주의적 성층론成層論을 살펴보겠다. 사회에는 기능적으로 중요도가 다른 지위와 역할이 있다. 뛰어난 재능을 가진 사람이 중요도가 높은 지위와 역할을 맡는 것은 사회 시스템을 위해 필요하다. 또 그러한 지위와 역할을 갖기 위해서는 장기간의 훈련도 필요하다. 따라서 이러한 지위와 역할에는 커다란 유인 요소가 있어야 하므로 기능적 중요도에 따라 소득이나 위신 등이 차이 나게 배분되어야 한다는 것이 성층론이다(K. Davis & Moore,W. "Some Principles of Steatifiction." American Journal of Sociology, Vol.10, 1945).

물론 이러한 기능주의적 성층론은 이미 비판을 많이 받아왔다. 기능주의적 성층론은 대가를 소득이나 위신 같은 외적으로만 바라봤기 때문이다. 과학자가 오직 금전과 위신 같은 외적 보수 때문에 연구하는 걸까? 기능주의적 성층론은 일 그 자체가 재미있어서 하는 내적 보수가 유인이 될 수 있음을 무시하고 있다. 그리고 또 다른 비판으로는 기능적으로 중요하기 때문에 보수가 많은 것이 아니라 보수가 많기 때문에 기능적으로 중요하다고 오인한다는 것이다.

여기서 이 문제에 관해서는 더 이상 다루지 않겠으나 기능주의적 설명의 일례로 이해해 주길 바란다. 기능주의는 오래된 제도와 비합리적인 제도라 여겨지는 것들이 실은 사회구조 유지와 안정을 위한 것이므로 이러한 제도는 필요하다는 현상 긍정 이론이 되기 쉽다. 또 기능주의적 성층론이 그러하듯 사람들의 행위도 오로지 계산만을 따진 합목적적인 시점에서 바라본다는 단점도 있다.

미국에서는 1960년대에, 일본에서는 1970년대에 기능주의에 대한 이러한 회의가 퍼지기 시작했다. 그때 이 책이 등장한 것이다. 그런 만큼 필자는 이 책의 다음 구절에서 받은 신선한 충격을 지금도 기억하고 있다.

> 외부 관찰자 입장에서 볼 때 제도는 그것이 본래의 기능 혹은 그 실용성을 잃고 있다고 여겨지는 때조차도 존속된다. 사람들은 이것이 지금도 그런 기능을 하고 있기 때문이라는 이유로 일정한 행위를 하는 게 아니라, 그것이 올바르기 때문에 (중략) 라는 이유로 행하는 것이다.

행위자를 합목적적인 존재라기보다는 '올바르다는 이유로 행위를 이행한다'고 표현한 것처럼 의미를 구성하면서 행위하는 존재라고 정의한 사회학 이론이었기 때문에 버거의 주장이 신선했다.

## 외화外化·대상화·내재화

그렇다고 해서 이 책이 20에서 살펴본 사회 결정론(객관주의 = 사회실재론)에 반대하고 주체 구성론(주관주의 = 방법적 개인주의)에 치우쳐 이론을 전개하고 있는 것은 아니다. 이 책은 이 양자(사회

결정론과 주체 구성론)를 지식과 의미를 통해 이어주려는 시도이다. 사회가 인간의 산물이고, 인간은 사회의 산물임을 동시에 파악하는 관점 확립을 시험해 보고 있는 것이다. 이 양자를 이어주는 매체는 사회적 현실과 개인의 변증법적 관계(상호작용에 의한 통일)이다. 하지만 이 제안 자체는 마르크스가 주장했던 것이므로 그리 새롭지는 않다.

> 변증법이 사실이라 해도, 그리고 또한 일반적이라 해도 '존재한다'고 단순히 주장하는 것만으로는 아무 의미가 없다. 필요한 것은 주장에 그치지 않고 한 발 더 나아가 사회학적 사고의 위대한 전통과 조화되는 개념 구조 속에서 이러한 변증법적 과정을 자세하게 검토하는 것이다.

이렇게 해서 사회와 개인의 변증법은 '외화外化', '대상화(객체화)', '내재화'의 세 가지로 설명된다.

'외화'는 인간이 활동함으로써 세계가 움직이고 자기를 실현해 가는 과정을 말한다. 인간을 두고 본능이 고장 난 결함동물이라 하듯이 미리 준비된 능력으로는 자연환경에서 살아가기 어렵다. 스스로 안정된 환경을 만들어야 하는 것이다. 이렇게 인간의 환경에 대한 행동이 외화이다.

'대상화(객체화)'는 외화에 의해 창조된 사물이 그것을 만든 당사자와도 다른 것이고, 당사자의 외부에 존재하는 사실이 되는 과정을 말한다. 전통적인 사회학 용어로 말하자면 제도화[7]인 것이다. 삶은 어떤 형태로 그 존재를 유지하지만, 삶이 만든 형식은 독립적이므로 오히려 삶의 발전을 방해한다고 말한 짐멜의 주장(『현대문화의 갈등』)과 같은 과정이다. 마르크스가 말하는 '물상화物象化'는 지나치게 성공한 '대상화'이다. 만든 사람이 바로 자신임을 까맣게 잊어버리고 인간 활동의 소산을 인간 활동의 소산이 아닌 듯 이해해 버리기 때문이다.

'내재화'는 이러한 대상화(객관화)된 제도를 의식 속으로 집어넣어 주관적인 현실로 만드는 움직임을 말한다. 내재화가 객관적으로도 타당하고 주관적으로도 이해할 수 있게 표현된 것이 종교와 같은 정당화 장치이다. 개인에게 행해야 할 행위와 행해서는 안 되는 행위를 가르쳐주고, 왜 그런지까지 설명한다. 상징적 세계가 제도적 질서에 정당성을 부여함으로써 제도가 유지되고, 그래서 개인을 궁극적인 공포에서 지켜준다.

내재화에는 제1차 사회화와 제2차 사회화가 있다. 사회화란 현재 생활하고 있는 사회와 앞으로 생활할 사회에 적응하기 위한 가치·지식·기능·태도의 획득을 말한다. 제1차 사회화는 개인이 유년기에 경험하는 최초의 사회화이다. 기본적 세계로의 사회화

---

7   언어와 도덕처럼 사회가 개인에게 요구하는 프로그램이 되는 것.

인 것이다. 제2차 사회화는 이미 사회화 되어 있는 개인이 새로운 여러 부문에 들어가기 위한 사회화이다. 의사답게 되는 것이나 ○○회사의 사원답게 된다고 하듯이, 하위 세계로의 사회화이다.

사회가 인간의 산물이라는 것은 '외화'에 의한 것이고, 사회가 객관적인 실현이라는 것은 '대상화(객체화)'에 의한 것이며, 인간은 사회의 산물이란 것은 '내재화'에 의한 것이다.


## 네오지식사회학

『실재의 사회적 구성』의 독자성은 각각 뒤르켐과 베버로 대표되는 방법적 집단주의[8]와 방법적 개인주의[9]의 내적 논리를 잘 활용하면서 포괄된 관점을 제기했다는 데 있다. 그리고 사람들이 당연하다고 여기는 사회적 현실이 사람들의 지식과 의미 부여에 의해 만들어지고 있음도 명확히 했다. 그런 의미에서 이것은 사람들의 생활 세계가 그들의 활동과 의미 부여를 통해 만들어진다는 사회 구조주의의 뿌리가 된 사회학 이론이다.

독자성은 여기서 그치지 않는다. 만하임 등으로 대표되는 기존

---

8  사회는 부분인 개인 영위의 총체로 되돌릴 수 없다는 사회 실재론적 입장.
9  사회는 부분인 개인 영위부터 설명되어야 한다는 입장.

의 지식사회학이 오로지 이론적인 사고나 사상, 이데올로기를 대상으로 해온 것에 반해 이 책은 전화를 거는 방법 같은 처리적인 지식을 포함하는 것처럼 지식이라 불릴 수 있는 모든 것을 대상으로 하고 있다. 사상도 이데올로기도 이런 일상 지식과의 상호 관련과 대항 속에서 존재한다고 보기 때문이다.

이 책의 부제는 '지식사회학론'으로, 지식사회학을 농촌사회학이나 가족사회학 같은 사회학의 하위 영역이 아닌 사회학의 핵심 이론으로 만들었다는 데 또한 큰 의의가 있다.

# 학교와 계급 재생산

Learning to Labour (1977)[10]


: 반항이 가담으로, 복종이 거부로


## 코스모폴리탄 교사와 로컬즈 교사


필자는 1950년대 중반에 중학 시절을 보냈다. 당시 필자가 살던 지방의 고교 진학률이 60퍼센트 정도는 되었으나 한편으로는 학문은 장사에 방해가 된다든지, 학문을 하면 건방져진다는 등의 공부저항 서민문화도 아직 남아 있었다. 그래서 중학교 졸업 후 취업을 하기 위해 상경하거나 가업을 잇는 사람이 상당히 많았다.

고기잡이를 하는 집의 중학생은 이미 훌륭한 노동력(노동자)이었다. 그들은 여름과 겨울이면 오징어잡이 어선에서 일을 했다. 오

---

**10** 한글판 『학교와 계급 재생산』, 2004, 이매진.

# 22

**폴 윌리스**
Paul Willis, 1945~ 영국의 사회학자.

『학교와 계급 재생산』은 노동자계급 출신 학생의 반학교 문화를 드러낸
민족지학이다.

징어잡이는 저녁 무렵 배를 타고 근해로 나가 밤새도록 오징어를
잡고 다음 날 아침에 돌아온다. 집에 돌아온 어른들은 아침부터 저
녁 무렵까지 잠을 잘 수가 있지만 조업에 나가 일을 한 중학생은
학교 수업이 있기 때문에 할 수 없이 학교에 와야 한다. 그리고 당
연히 수업 시간에는 거의 잠을 잔다. 오징어잡이는 힘든 육체노동
이기 때문에 완전히 깊은 잠에 빠져버리는 것이다. 그럴 때 영어나
국어 교과서를 읽는 순서가 돌아오면 큰일이다. 주변에 앉은 친구
들이 흔들어 깨워야 하는 지경까지 되는데, 이때 필자에게 일종의
'생각거리'를 주던 것이 있었다. 그것은 바로 이 상황에서의 교사
들의 대응이었다.

하나는, 주변 친구들이 깨우는 것을 당연하게 여기는 교사이다.

그리고 다른 하나는 깨우는 것을 제지하는 교사이다. 깨우는 것을 당연하게 여기는 교사에는 젊고 신식대학에서 교육학부를 졸업한 교사들이 많았다. 깨우지 말라고 한 교사는 구제도의 전문학교 등을 나와 그 지방에서 가업 등을 잇다가 전쟁 후 혼란과 교사 부족 때문에 대체교사로 근무하면서 교사가 된 경우였다. 전자의 교사는 프로페셔널리즘(전문직주의)에 선 코스모폴리탄cosmopolitan이었고, 후자의 교사는 지역 생활양식을 소상히 알고 있던 로컬즈locals였다.

자는 것을 일부러 깨워서 교과서를 읽게 하는 교육이 옳은 일인가, 아니면 자도록 놔두는 것이 옳은 일인가? 물론 당시 중학생이던 필자가 이런 어려운 용어 같은 건 알 턱이 없지만 정말로 궁금했고 신경 쓰였다. 자는 것을 깨워서 교과서를 읽게 해도 매일같이 일을 하는 그들이었기에 교과서를 잘 읽지 못할 때가 많았다. 정말 이렇게나 못 읽을까 싶을 정도였기 때문에 교실에는 웃음폭탄이 자주 터졌다. 열심히 가르치려는 선의가 해당 학생에게는 오히려 잔혹하지 않았을까? 적어도 해당 학생에게는 깨우지 않는 로컬즈형 교사의 대응 방식이 좋았을지도 모른다.

그런데 이 두 종류의 묵인에는 문제가 있었다. '계급의 재생산'에 일조하고 있다는 점에서다. 이것은 우등생 흉내나 내던 필자의 입장에서 본 공부 못하는 친구들에 대한 생각이다. 그럼 그 해당 학생은 어떤 생각을 갖고 있었을까? 이런 의문에 정곡을 찌르는 대답이 바로 이 책이다.


## 문제아들과 '귓구멍'

이 책은 영국 중부 공업도시 버밍엄의 북서지역 소호에 있는 세컨더리 모던 스쿨(신식중등학교)에서 실시된 에스노그라피(민족지학)이다. 에스노그라피란 인터뷰와 참여관찰로 특정 집단 속 사람들의 생활 방식을 기술해 가는 연구 방법이다.

조사 학교인 세컨더리 모던 스쿨은 진학중등학교와는 달리 취업을 위한 중등학교이다.[11] 조사 시기는 1970년대 중반이다.

몇 개의 학교를 대상으로 조사가 실시되었는데, 그중에 어느 세컨더리 모던 스쿨의 '문제아' 12명이 분석의 중심이 되었다. 여기서 말하는 '문제아'란 노동자계급의 자녀로 학교 교사를 포함한 권위에 반항하는 어린 녀석들을 말한다. 그들의 학교생활 마지막 2년과 취직 후 6개월 동안에 걸친 필드 워크filed work[12]가 분석되었다.

노동자계급의 자녀들도 하급생일 때는 거의 대부분 순종적인

---

**11** 현재는 이 두 유형의 중등학교가 컴프리헨시브 스쿨(Comprehensive School = 종합중등학교)로 통합되었다.
**12** 인터뷰나 관찰 등의 방법을 통해 수용자 조사연구 데이터를 수집, 정리하는 작업.

태도를 보였다. 그러다가 상급생이 되면서 순종적인 학생과 반항적인 학생으로 갈렸다. 반항적인 학생, 즉 '문제아'의 문화는 남존여비 같은 성차별, 인종차별, 흡연·음주·섹스의 향락주의, 극심한 육체노동이야말로 '사나이'라는 근육주의가 특징이다. 권위와의 관계는 '그쪽(교사)'과 '우리들(문제아들)'로 묘사되었다.

그렇다고 문제아들이 언제나 교사와 적나라하게 대립한 것은 아니었다. 건방지게 굴기는 했지만 공부하는 다른 학생을 방해하지 않도록 스스로 주의해서 선생님이 화내지 않게 한다든가, 좀 무서운 선생님한테는 반항을 감추기도 하는 등 교사의 성격과 대응 모습에 따라 그 대처법을 달리했다. 이러한 대처법은 세상의 처세에 뛰어나다는 증거가 되었다.

한편 문제아들은 자신들과 같은 노동자계급의 자녀이지만 권위에 순종하고 학교와 학업에 집중하는 학생들을 '귓구멍ear-hole'이나 '귓불lobes'이란 경멸적인 호칭으로 불렀다.

> 순종적인 학생은 언제나 듣기만 하고 스스로 어떤 행위는 하지 않는 듯이 보인다. 내부에서부터 치밀고 올라오는 생명력에 휘둘리지 않고 단지 획일적으로 무엇이든 수용하는 것처럼 말이다. 귀ear라는 것은 인간 신체 중에서도 표현력이 가장 빈약하고 오히려 타인의 표현을 수용하는 기관이다. 더욱이 축축한 귓구멍에는 금세 귀지가 쌓인다. '문

제아들'은 학교생활에 동조하는 학생들을 이렇게 즐겨 불렀다.

문제아들은 '귓구멍'을 따돌리기만 한 것은 아니었다. '귓구멍'을 경멸함으로써 자신들의 우위성을 확립하려고도 했다. 다시 말해, 문제아들은 외부적 힘에 의해 배제된 것이 아니라 적극적으로 자기 배제를 선택한 것이다.


## 반항에 의한 사회적 재생산

자기 배제를 적극적으로 선택했다는 말은 문제아들이 자신들 나름으로 학교 사회를 간파(통찰)하고 자신들에게 맞게 바꿨다는 의미이다. 그 모습은 다음과 같다.

학교라는 것은 '존경'과 '순종'을 대가로 교사에게 축적되어 있던 지식을 조금씩 받는 공간이다. 그 때문에 '지금'이란 소중한 시간을 절약(희생)한다. 이러한 희생에 더해서 성적 우수나 자격 같은 것이 주어졌다. 하지만 우수한 성적과 자격으로 주어진 사무원이라는 직업은 문제아들 입장에서 볼 때 '계집애 같은' 일이었다.

그렇다면 '지금'을 희생하기보다는 '지금'을 소중히 써야 한다. 장래에 몸을 쓰는 근육노동자가 되는 데는 우수한 성적이나 자격 같은 것은 아무짝에도 쓸모없기 때문이다. 교사를 속이거나 동급생들과 떨어지는 편이 자신들이 가질 장래의 일(근육노동)에 훨씬 도움이 되었다. 여기서 반항의 역설이 생긴다.

> 문제아들은 육체노동을 더 선호하고, 또 육체노동을 통해 자기 인식을 달성하려고 한다. 적어도 당장은 말이다. 노동인구의 이 부분(문제아들)이 계급 차별을 동반하는 사회 존속에 필요한 부분을 지속적으로 채워주었다(그렇지 않으면 절대로 채울 수 없다). 이렇게 스스로 열악한 위치를 선택한 덕분에 다른 사람들은 정신노동을 더 가치 있게 보는 지배 이데올로기를 안심하고 받아들일 수 있었다. 설령 그 지위가 비슷하다 해도 비교적 우위를 획득할 수 있었으며, 이에 따라 우월감도 맛볼 수 있었다. 즉, 문제아들의 그 불합리한 자발적 탈선이 있어야 비로소 '귓구멍'의 순응주의가 합리적인 선택이라는 의미를 부여받는 것이다.

문제아들은 능력 위주의 가치, 즉 능력과 업적에 따른 사회적 지위 획득에 관한 가치를 전혀 내면화하고 있지 않다. 학교와 교사에게 대항하고 하급 사무직 같은 비육체노동직으로의 상승 이동은 생각조차 하지 않는다. 오히려 강인함을 더 중요하게 여기므로 정신노동을 '계집애 같은' 것으로 보며 스스로가 적극적으로 가혹한 육체노동을 계승한다. 하지만 이러한 저항문화가 '저력底力'노동을 계승하고 사회적 재생산을 가져온다. 사회적 재생산이란 자본주의적 생산 양식을 계승하기 위해 필요한 계급 간 관계가 반복되는 것을 말한다.

이 책의 원제는 'learning to labour', 즉 '육체노동을 학습하는 것'이다. '복종'이 '거부(겉으로는 복종하나 속으로는 거부함)'가 될 수 있듯이 '저항'이 '가담'이 되는 반대 현상을 대상에게 바짝 다가가 선명하게 그려내고 있다.

여기서 오해해선 안 될 것이 있다. 윌리스가 조사했던 그런 학교가 영국에 그리 많지 않다는 점이다. 그러므로 여기서 다뤄지고 있는 '문제아들의 문화'가 영국 학생 문화의 전형적인 모습은 아니다. 계급사회 속 학교에서의 극복으로 읽어야 할 것이다.

이반 일리히

우에노 치즈코

앤서니 기든스

앨리 러셀 혹실드

로버트 퍼트넘

울리히 벡

# 6

현대사회와의
격투

# 학교 없는 사회

Deschooling Society (1970)[1]

: 상상력의 학교화

## 감춰진 커리큘럼

일찍이 평론가 후크다 츠네아리福田恆存는 이렇게 말한 적 있다.

> 어린아이는 원래 민감합니다. 아이의 눈에는 무엇이든지
> 있는 그대로 보입니다. (중략) 어른이 어떤 것을 감추려 할
> 때 그 감춘 것은 보이지 않겠지만 어른이 뭔가를 감추려 한
> 다는 사실만큼은 아이도 잘 압니다. 아이란 그렇습니다. 반
> 대로 교사와 부모가 보여주려 하는 것은 보려 하지 않습니

---

1   한글판『학교 없는 사회』, 2009, 생각의나무.

## 23

### 이반 일리히

Ivan Illich, 1926~2002  오스트리아 출신의 사상가이자 가톨릭 사제.

『학교 없는 사회』는 학교화된 사회에 옐로카드를 꺼내는 문명 비판이다.

> 다. 가르쳐야겠다고 하는 것은 배우려 하지 않습니다. 아이
> 는 보여주고 싶지 않은 곳, 알려주고 싶지 않은 곳에서 일찌
> 감치 뭔가를 배우고 깨우칩니다. (『교육, 그 본질』)

　우리는 교사가 확실하게 말해주는 것 혹은 교과서에 적혀 있는
것처럼 겉으로 드러난(공식) 커리큘럼과 구별되는 '숨겨진 커리큘
럼'이란 것에 주목해야 한다. 학생의 학습 경험은 겉으로 드러난
커리큘럼에 의해서가 아니라 학교생활 속의 암묵적 학습에 의한
것이 크기 때문이다. 이렇게 은밀한 가르침을 '숨겨진 커리큘럼'
이라고 한다.

　숨겨진 커리큘럼은 눈에 보이지 않는 곳에 감춰났다는 의미가

아니다. 그 모습은 누구에게나 확실히 드러나지만 그 작용을 알아채지 못할 때가 많음을 가리키는 말이다. 마고리스E. Margolies 같은 미국과 캐나다의 교육사회학자들은 '까궁, 까까꿍'이란 기묘한 제명의 논문('Pekkaboo' in E. Margolies, ed. The Hidden Curriculum in higher Education, 2001)에서 에드거 앨런 포Edgar Allan Poe의 단편소설『도난당한 편지』를 제재로 다음과 같이 설명하고 있다.

궁정에서 중요한 편지가 도난당했다. 한 대신이 범인인 듯하다. 그런데 그 편지가 대신의 저택에 숨겨져 있다는 사실까지는 알았으나 아무리 뒤져도 편지를 찾을 수가 없었다. 별 소득이 없자 경시총감은 탐정 뒤팽에게 사건을 의뢰한다. 그런데 뒤팽은 누구나 들여다볼 수 있는 명함꽂이의 맨 위 칸, 그것도 대충 집어넣어진 듯이 꽂혀 있던 문제의 편지를 별 어려움 없이 찾아냈다. "너무 눈에 띄어서 오히려 눈에 안 들어오는 경우가 있다"면서 말이다.

이 부분에서 마고리스는 누구에게나 '훤히 볼 수 있는' 것이 오히려 인식되지 못함을 두고 감춰진 커리큘럼의 특징이라고 설명한다.

성차별을 조장하는 감춰진 커리큘럼 역시 누구나 볼 수 있는 사실을 통해 은밀히 교육되고 있다. 얼마 전까지만 해도 학교의 교장이나 주임교사는 남성이 도맡았고, 여성은 모두 평교사였다. 겉으로 드러난 커리큘럼이 남녀평등을 부르짖고 남학생과 여학생을 평등하게 대우한다고 해도 교직원 서열의 남녀 차이가 감춰진 커리큘럼으로 작동되어 남성은 관리직이 될 수 있고 여성은 될 수 없음이 암묵적으로 더 강하게 학습되었다. 결과적으로 교직원 서열의 남녀 차이가 은근한 사실로 굳어진 것이다. 누구든지 볼 수 있으나 그 작용에는 무자각적인 또 다른 예가 수업 시간 배분이다. 교과마다 정해진 시간 수는 학생에게 해당 교과의 중요성을 전달하기에 충분하다.

이런 식으로 살펴보면 최대로 감춰진 커리큘럼이 학교이다. 학교라는 장치는 그 자체가 감춰진 커리큘럼(메시지)인 것이다. 어린이는 학교에 소속되어 학교에서 배우고, 학교만 어린이를 가르칠 수 있다는 것이 근대사회에서는 의심할 여지없는 전제였고, 바람직한 것이며 선한 사실로 인식되었는데, 일리히는 이 문제에 의문을 던졌다. 그리고 학교라는 장치에 감춰진 커리큘럼을 파헤쳤다.


## 오해

교육이 학교화됨으로써 생긴 감춰진 커리큘럼은 다음과 같은 것이다. 가르침을 받는 것과 학습하는 것을 혼동하고, 진급한다는 의미가 그만큼 그 교육을 받았다는 뜻이 되었다. 마치 면허증을 취득하면 그 능력을 갖추었다고 간주되는 것처럼 말이다. 또 많은 사람이 학교에서 교육을 받음으로써 자신보다 학교교육을 더 받은 사람에게 열등감을 갖게 되었다. 우리들이 알고 있는 것의 대부분은 학교 밖에서 교사의 개입 없이 '말하고, 생각하고, 사랑하고, 느끼고, 놀고, 미워하고 정치를 하고, 일하는 것을 배워왔음'에도 불구하고 말이다.

게다가 학교를 통해 가치를 받아들여 버릇하면 상상력도 학교화되어 버린다. 그리고 이런 현상이 건강과 안전에도 일어난다.

그들의 상상력도 학교화되어 가치가 아니라 제도에 의한 서비스를 받아들인다. 의사에게 치료를 받기만 하면 마치 건강에 주의하고 있다고 착각하는 것처럼, 사회복지사업이 사회생활의 개선인 것처럼, 경찰의 보호가 안전인 것처럼, 무력의 균형이 국가의 안전인 것처럼, 바득바득 일하는 것이 생산활동인 것처럼 오해한다. 건강, 학습, 위엄, 독립, 창조라는 가치가 그 실현을 위해 일하는 제도의 활동과 동일한 것이라고 오해하는 것이다. 그리고 건강, 학습 등이 증진되는가 아닌가는 병원, 학교 및 그 외의 시설 운영에 보다 많은 자금과 인원이 분배되는가 아닌가에 달려 있다고 착각한다.

종교와 교회를 동일시하는 것처럼 교육과 학교를 동일시하게 되고 '배움'을 '(학교)교육'으로, '보살핌'을 '치료'로, '안전'을 '경찰의 보호'로 오해한다. 그 결과 제도의 정비와 확충이야말로 치료와 관리라고 여기게 되고, 오히려 진실된 학습, 건강, 안전에 대한 배려는 상실된다.

학교를 통해 사람들은 경제 성장을 지향하는 소비사회로의 입회를 준비한다. 의사와 교육, 교통 등의 전문직 서비스를 아무 의심 없이 받아들여 전문직 서비스 사회의 수익자가 될 준비를 한다. 이것이 학교화된 사회이다. 교육뿐만 아니라 사회 전체가 학교화되는 것이다.

## 상상력의 학교화

필자의 기억으로, 학벌 혹은 학력이란 말은 전쟁 전에도 사용했지만 아직 '학력사회'라는 말은 없었다. 설령 있었다 해도 일반적으로 사용되는 말은 아니었다. 당시에 학력을 중요하게 여겼던 사람들은 화이트칼라 등을 중심으로 한 일부 사람들뿐이었기 때문이다. 많은 서민들, 농업과 어업, 상업에 종사하는 사람들은 학력과 무관하게 살아갈 수 있는 영역이 넓었으므로 이들에게 학력이란 그다지 피부에 와닿지 않는 것이었다.

한편『코지엔広辞苑』[2]에 '학력사회'라는 말이 게재된 것이 1983년(제3판)인데 실제로는 그 이전부터 사용되었다. 1966년에 학력사회를 제목으로 한 책(오카다 마코토岡田眞의 『학력사회와 교육』)이 출판되었기 때문이다. 이를 통해 학력사회라는 말이 1960년대 후반에 등장해 1970년대는 일반적으로 쓰이는 용어가 되었음을 짐작할 수 있다. 그도 그럴 것이 1960년대 전후부터 농업과 어업 같은 학력과 무관한 산업 구조가 크게 쇠퇴하면서 많은 사람들이 제1차 산업에서 제2차 산업 혹은 제3차 산업으로 이동했고, 그러면서 학력이 지역 이동과 사회적 지위 이동의 필수 수단이 됐을 테니 말이다.

---

2  일본을 대표하는 일본어 사전.

사회학
베스트
30

# 가부장제와 자본주의

家父長制と資本制 (1990)[3]

: 이중의 여성 지배

## 궁금증 하나

필자가 대학생 시절 당시 4년제 대학에는 여학생의 비율이 낮았다. 단체 미팅도 남자 주도로 이루어질 정도였으니 어떤 상황인지 알 만할 것이다. 미팅이 절정에 다다르면 '붉게 싹트는 언덕의 꽃' 같은 구 제도 고교[4]의 소요가逍遥歌[5]나 료가[6]를 불렀는데, 이제 와

---

3  한글판 『가부장제와 자본주의』, 1994, 녹두.
4  구 제도하의 고등학교를 의미하는데 우리가 연상하는 일반 고등학교가 아니다. 이들 학교는 각 지역에 설치된 국립대학의 교양과정 성격을 띠고 있다.
5  산책의 노래.
6  주로 구 제도의 고등학교 기숙사에서 지내던 학생들이 자신들에 관해 노래한 것을 가리킨다.

# 24

우에노 치즈코
上野千鶴子, 1948~ 일본의 사회학자.

『가부장제와 자본주의』는 여성에 대한 억압과 착취의 이중 메커니즘을 해명한다.

생각해 보니 궁금증이 생기는 것이다. 이유는 이렇다. 구 제도의 고등학교는 남고였기 때문에 그 료가나 소요가도 남자들의 노래이다. 남자인 필자는 당연히 노래를 불렀다. 그런데 그 장소에 있던 두엇 되던 여학생들은 어떤 기분이었을까? 처음부터 같이 따라 불렀는지, 아닌지 혹시 작은 목소리로 따라 불렀다면 어떤 기분으로 불렀는지 말이다.

필자가 학부·대학원생이던 시기의 '사회학'이라 하면 미국 사회학이 대세였고, 그중에서도 이론 사회학의 태두는 구조·기능주의의 탤컷 파슨스였다. 파슨스와 벨즈Robert F. Bales의『핵가족과 자녀의 사회학Family Socialization and Interation Process』은 가족사회학 이론의 정수였는데 남편-아버지와 부인-엄마 역할에 관한 책이다. 전자는 가족 시스템의 외부 환경에서의 적응과 과제 수행을 하는 '수단적 역할'이고, 후자는 가족 시스템의 패턴(문화) 유지와 구성원의 긴장 완화(정서적 통합)를 이루는 '표출적 역할'이라고 단정한다. 그뿐만이 아니다. 왜 이러한 역할이 성별에 따라 분화되었는지 설명한다.

> 아이를 낳고 먹이고 키운다는 것 자체가 아이와 엄마의 관계를 원래부터 매우 우선적인 것으로 만들어줬다. 또한 여기에서 갈라져 나온 전제인데, 이러한 생물학적 기능이 결여된 남자는 이것을 대체할 도구적인 방향으로 전문화가 일어난다.

가족사회학은 여학생에게도 인기 있는 테마였다. 그런데 당시 미팅에 나왔던 그녀들은 남편(아버지) 역할과 부인(엄마) 역할을 각각 '수단적 역할'과 '표출적 역할'로 단정하고 그 근거를 생물학적 본질주의에서 찾던 설명을 어떻게 느꼈을까?

필자가 대학교수가 되어 사회학 개론을 가르치면서 가족에 관해 두 번 정도 강의한 적이 있었지만, 파슨스의 가족 시스템론은 다루지 않았다. 왜냐하면 "사람은 태어나는 것이 아니라 만들어지는 것이다"라고 말한 시몬느 드 보바르Simone de Beauvoir의 주장(『제2의 성』)과 뒤섞여 파슨스의 가족 시스템의 역할 분석에 의문이 들었기 때문이다.


## 페미니즘 이론

1970년대에는 여성해방운동이 유행했다. 일본에서는 1970년 10월 21일 국제 반전의 날을 맞아 열린 '여성해방 긴자銀座 데모'가 그 시작이었다. '페미니즘'이란 말도 이때 정착했다.

　이 책의 저자는 자신이 했던 연구 과정을 이렇게 말한 적 있다. "나는 '배신당한 여자 사회주의자'로서 출발했습니다만, (중략) 70년대 여성해방운동과 페미니즘에서 지적·감성적 쇼크를 받았을 때부터 내 지적 영위 속에서 격투를 벌였습니다."(「서평에 응하며」, 『소셜로지Sociolog』, 112호, 1991)

　1970년대부터 80년대 전반에는 페미니즘 운동과 사상이 큰 파도를 이루긴 했으나 페미니즘의 이론은 미숙한 감이 없지 않았다. 그럴 때 저자의 '격투'는 페미니즘 이론 구축을 위한 격투였고, 그 금자탑이 이 책이다.

　"해방의 사상은 해방의 이론을 필요로 한다. 누가, 무엇에서, 어떻게 해방되고 싶은가를 알지 못하면 현상에 대한 불만과 분노의 에너지는 방향을 잃는다"라는 이 책의 서두에 쓰인 선언이야말로 격투의 목표가 무엇인가를 명확히 보여주고 있다.

이 책은 페미니즘 이론 구축을 위한 첫 단추로 근대 이후의 여성 해방이론을 정리한다. 그것은 '사회주의 부인해방론', '래디컬 페미니즘', '마르크스주의 페미니즘'의 세 가지이다. 셋 다 마르크스주의에 의거하는가, 아니면 대항하는가에 따른 여성 억압의 해명과 해방을 위한 이론이다. 여성해방이론이 마르크스주의를 통해 전개되는 이유는 마르크스주의만이 근대 산업사회의 억압에서 만들어진 해방이론이기 때문이다.

'사회주의 부인해방론'은 전면적으로 마르크스주의에 바탕을 두고 있다. 여성의 억압은 계급지배의 종속변수이기 때문에 계급지배를 폐지해야 여성해방으로 이어진다는 이론이다. 하지만 시민혁명으로도, 사회주의혁명으로도 여성은 해방되지 않았다. 해방된 것은 부르주아 '남자'와 프롤레타리아 '남자'였다. 여성한테는 그 어떤 혁명도 '배반한 혁명'일 뿐이었다. 그래서 마르크스주의에 의거한 사회주의 부인해방론은 좌절된다.

이 좌절로 '래디컬 페미니즘'이 대두되었다. 래디컬 페미니즘이란 계급지배보다는 성性지배 쪽에 무게를 두고 있다. 따라서 사회주의혁명과는 별도로 페미니스트 혁명이 일어나지 않으면 여성은 억압과 착취에서 해방되지 못한다고 본다. 래디컬 페미니즘은 '시장市場'의 바깥 부분에서 '가족' 영역을 발견했고, 가족의 억압구조를 해명하기 위해 마르크스주의가 아닌 프로이트 이론에 바탕을 둔다.

사회주의 부인해방론이 계급지배 일원론(자본제)이라면 그 대체 및 대항 이론으로 나온 래디컬 페미니즘은 성지배 일원론이다.

하지만 현재는 사회주의 부인해방론이나 래디컬 페미니즘처럼 극단적인 일원론은 적어졌고, 양자의 논쟁 속에서 쌍방이 서로를 둘러싸고 있는 형국이다. 다시 말하자면 자본제와 가부장제를 둘 다 넣어 '성지배와 자본제적 생산 관계는 서로 단단히 묶여 자본제적 가부장제라는 단일 시스템을 만든 가부장제의 산물'이라는 '통일이론'이 우위를 차지하고 있단 뜻이다.

그러나 이 책은 이러한 통일이론의 입장에 서지 않고 '성지배는 각각 서로 독립된 가부장제와 자본제라는 두 시스템 간의 상호작용의 결과'라는 '이원론'의 입장을 취하고 있다. 마르크스주의 페미니즘이 이러한 이원론적 입장이다. 이원론을 설명한다면 다음과 같다.

| 제도 | 자본제 | 가부장제 |
|---|---|---|
| 사회 관계 | 생산 관계 | 재생산 관계 |
| 사회 영역 | 공(公) | 사(私) |
| 지배 형태 | 계급지배 | 성지배 |
| 역사적 형태 | 시장 | 부르주아 단혼(單婚)소가족 |
| 통제 원리 | 시장 원리 | 오이디푸스 콤플렉스 |
| 사회이론 | 마르크스 이론 | 프로이트 이론 |

전근대사회에서는 생산 노동(물건이나 서비스의 생산)과 재생산 노동(인간의 생산) 간의 단절이 없었지만, 근대사회에서는 양자가 단절되어 가사노동 같은 재생산 노동은 가족이라는 사적 영역이 된다. 따라서 근대사회에서 여성은 자본제에 의한 억압과 착취와 가부장제에 의한 억압과 착취도 동시에 받게 되었다는 것이다.

> 자본제와 가부장제는 서로 대립할 때도 있지만 조화롭게 상호 보완적일 때도 있다. 이것은 한쪽이 불가피하게 다른 쪽에 들러붙거나 필연적으로 서로 관련을 갖는 그런 관계가 아니다. 생산 관계와 재생산 관계가 자본제와 가부장제라는 역사적으로 고유한 형태를 취하고, 서로 '변증법적'으로 관계해 성립된 근대 산업사회 고유의 방식을 마르크스주의 페미니스트는 '가부장적 자본제'라고 부른다.

생산 영역(물질의 생산을 둘러싼 사람과 사람과의 관계)에서의 계급 지배와 재생산 영역(인간의 생산을 둘러싼 사람 간의 관계)에서의 성 지배의 상호 관계는 갈등할 때도 있고 타협해 양자의 지배가 강화될 때도 있다. '남자는 밖(일), 여자는 안(가정)'처럼 시장노동(남성)과 가사노동(여성)의 분할은 자본제와 가부장제의 조정 형태이다. 노동시장이 '여자와 아이'를 시장 밖의 '근대가족'으로 내몰고 가사노동을 비非지불 노동으로 규정지어 가부장적 지배를 관철했다. 그리고 자본제와 가부장제의 한층 더 강해진 조정으로 여성에게 가사노동자(비지불 노동)와 주변임금노동자(저임금)의 역할이 주어졌다.

## 시장의 성지배와 가족의 계급지배

이원론의 입장에 서면 시장(계급지배)과 가족(성지배)라는 틀에 박힌 시야가 활짝 열린다. 시장에서의 성지배와 가족에서의 계급지배가 드러나기 때문이다. 노동시장에서의 성 격리, 즉 이중노동시장(복잡노동·고임금 직종과 단순노동·저임금 직종)의 고용에 있어서 성별에 의한 분절화 때문에 자본가뿐만 아니라 남성 노동자도 이익을 얻게 되었다. 또 가족에서의 계급지배 면에서는 남성이 재생산 지배계급이고 여성이 재생산 피지배계급임이 드러났다.

여성은 자궁이라는 재생산 수단을 갖고 있으나 그것이 육체적으로 여성에게 귀속된다 해서 '소유'까지 의미하지 않는다. 가부장제는 전적으로 그 자궁이라는 재생산 수단을 지배하려 하고 컨트롤하려 한다. 여성이 자신의 신체에 관해 무지하게 놔두고, 그 관리를 남성에게 맡겨 여성한테서 피임과 생식에 관한 자기결정권을 빼앗는 것이 재생산

│　지배계급의 의도이다.

　시원시원하고 빠른 문체와 '만국의 가사노동자여, 단결하라'는 퍼포먼스 가득한 문장 때문에 독자는 이 책을 전투적이고 선동적이라 여길지도 모르겠다. 하지만 기존의 이론에 대한 저자의 재조명은 정중하고 유연하다. 페미니즘이란 시각을 넣어 '노동'과 '생산' 그리고 마르크스주의 사회이론을 다시 생각하게 만드는 책이다.

베스트
사회학
30

# 포스트 모더니티

The Consequences of Modernity (1990)[7]

: 거대하고 복잡한 시스템의 질주

## 이시하라 신타로石原慎太朗[8]와 전공투

지금부터 40여 년 전, 전국학생공동투쟁운동이 절정이던 때였다. 텔레비전 프로그램에서 이시하라 신타로 씨와 전공투 학생들의 대결이 비춰지고 있었다. 이시하라 씨는 그들에게 "당신들이 신봉하고 있는 마르크스 예측명제는 전부 다 틀렸습니다"라고 단언했다. 그 하나로 절대적 빈궁화설貧窮化說[9]을 예로 들며, "지금 세

---

7  한글판 『포스트 모더니티』, 1991, 민영사.
8  소설가이자 정치인으로 일본 우익 보수파를 대표하는 인물.
9  자본주의가 진행될수록 노동자의 임금은 상대적으로도 적대적으로도 빈궁하게 된다는 예측명제.

# 25

앤서니 기든스
Anthony Giddens, 1938~  영국의 사회학자.

『포스트 모더니티』는 현대사회를 포스트모던이 아니라
철저히 근대화된 하이모더니티 사회라고 말한다.

계를 보십시오. (당시는 고도성장의 절정기였다.) 절대적 빈궁화설이
틀렸음을 증명하고 있지 않습니까"라며 강하게 주장했다.

필자는 학생들 쪽에서 뭔가 반박이 있으리라 생각했지만 의외
로 그들은 '난센스!' 같은 매도어로만 대응할 뿐이었다.

마르크스가 말한 절대적 빈궁화설이 예측으로서는 빗나갔지만
그것은 명제가 너무 정확했기 때문에 빗나간 것이다. 절대적 빈궁
화설이 주창되면서 노동자 단결을 통한 그들의 운동이 거세졌다.
한편 자본가들도 만일 노동자가 절대적 빈궁 상태가 되면 장사가
잘되지 않아 본전도 못 찾게 될지 모른다는 것과 종국에는 혁명까
지 일어날 수 있다며 염려했다. 그래서 개별 자본가 영역을 뛰어넘
는 총자본적 영역에서 사회정책이 실시되어 노동자의 생활 개선

을 위한 나름의 배려가 이루어졌다. 예측이 너무도 정확했기 때문에 예측대로 되지 않은 것이다.

사회학자 로버트 머튼의 용어를 빌리자면, 마르크스의 절대적 빈궁화설은 '자멸예언'이라 한다. 예측이 보여주는 그런 결과를 회피하기 위해 인간은 그 행동을 바꿨고, 이것이 결국은 그 예측대로 가지 않게 했다는 것이다.

반대로 건전한 경영을 하고 있는 은행이 망할 거라는 허위 소문이 퍼져 예금 인출 소동이 일어나고, 결국은 파산하고 마는 것처럼 잘못된 예측이 새로운 행동을 불러일으켜 그 행동에 의해 맨 처음에 있던 잘못된 예측을 진실로 만들어버리는 경우도 있다. 이것을 두고 '자기를 실현시키는 예언'이라 한다(「예언의 자기성취」, 『사회이론과 사회구조』).

이 책은 이러한 예언의 자멸과 자기성취에 관한 지식, 실천 피드백 그리고 순환을 '재귀성再歸性'이라 부르면서 근대의 복잡성과 다이너미즘dynamism[10]의 큰 원천이라 말하고 있다.

---

10    역본설. 자연계의 근원은 힘이며, 힘이 모든 것의 원리라고 주장하는 설이다.

## 모더니티란

기든스가 말한 '재귀성'이 무엇인가를 살펴보기 전에 기든스는 현대사회의 특질(모더니티)을 어떻게 파악하고 있는지부터 살펴보자. 참고로 영어의 '모던'은 '근대'라는 의미와 '현대'라는 의미를 둘 다 포함한다. 또한 과거와 구별된 '에포크epoch(신기원)'의 의미도 갖고 있다.

현대사회를 탈공업사회나 포스트모던 사회라고 표현할 때가 많은데 기든스는 "우리는 모더니티의 저쪽인 포스트모던 쪽으로 이행하는 것이 아니라 모더니티가 철저화된 시대, 즉 하이모더니티에서 살고 있다"고 말한다. 모더니티란 17세기 이후 유럽에 나타났고 전 세계에 영향을 준 사회생활과 사회구조의 특수한 양식을 말한다.

기든스는 현대사회와 앞으로 다가올 포스트모던 사회 연구를 위해 먼저 하이모더니티의 복잡성과 다이너미즘의 특질을 파악해야 한다고 말한다. 그는 모더니티가 철저화된 현대사회를 운전수가 자유롭게 운전하는 승용차가 아니라 초대형 트럭에 빗대어 설명한다.

집단으로 단결되어 있는 사람들을 어느 정도까지는 태울 수 있으나 갑자기 조종이 안 될 때도 있고 저절로 산산조각

날 위험도 있다. 이렇듯 거대출력 엔진을 장착한 채 질주하는 차인 것이다. (중략) 초대형 트럭은 앞길을 막는 장애물을 밀어 쓰러뜨리고는 성실하게 정해진 방향으로 나아간다. 하지만 갑자기 방향을 바꿔 예측 불가능한 방향으로 달릴 때도 있다.

초대형 트럭에 타는 것이 반드시 불유쾌한 것만은 아니다. 때로는 희망에 가슴이 부풀기도 하지만 타고 있는 사람이 그것을 완전히 컨트롤할 수는 없다. 폭발과 해체의 리스크가 다분하고 불안이 동반된다.

폭발과 해체의 리스크가 동반되는 이유는 모더니티에 내재되어 있는 복잡함과 다이너미즘 때문이다. 기든스는 이 원액을 ①시간과 공간의 분리와 공동화 ②사회 시스템의 탈몰입 ③사회관계의 재귀적再歸的 질서화라고 보았다.

이들에 관해 살펴보자.

농경사회 같은 전근대의 시간은 특정 장소와 연결되어 있었다. '어디(장소)'를 떠난 '언제(시간)'는 있을 수 없던 것이다. 그러다가 시계와 달력에 의해 이러한 시간과 공간의 결합이 분리되었다. 시간은 장소와 분리됨으로써 공동화되었고, 동일한 일이 세계지도 때문에 장소에도 일어났다. 세계지도는 특정한 구체적 장소와 특정한 사람이 사는 지역이란 의미에서 추상적인 공간 감각을 만들었다. 이 '시간과 공간의 분리와 공동화'에 의한 '지금'과 '여기'에서의 시공간적 확대가 모더니티 제2의 특질인 사회 시스템의 탈몰입이다.

전근대사회에서 사람들의 활동은 '지금'과 '여기'라는 눈앞의 특정한 연관에 의해 일어났다. 하지만 탈몰입은 사회관계를 한정된 영역에서 무한한 시공간의 확장으로 재설정한다. 이러한 탈몰입의 메커니즘에는 두 종류가 있다. 하나는 '상징적 통표'의 창조이고, 또 하나는 '전문가 시스템'에 대한 신뢰와 의존이다.

'상징적 통표'는 화폐처럼 특정 영역과 연관을 뛰어넘어 유통되는 유통 매체를 말한다. 물물교환은 한정된 공간의 세계이다. 화폐의 사용과 유통으로 사회관계는 한정된 영역에서 깨어나 확대된 시공간으로 해방되었다.

'전문가 시스템'은 의사기관이나 교통기관 같은 전문가 시스템과 그 지식을 말한다. 전근대사회에도 성직자와 주술가 같은 전문가가 있었지만, 그들의 의견이나 판단을 무시해도 살아가는 데 큰 영향을 받진 않았다. 하지만 근대사회에서 전문가 시스템을 무시하고는 살아가기 어렵다.

상징적 통표와 전문가 시스템을 합친 것이 '추상적 시스템'이다. 현대인은 금융 시스템이나 식수를 통합 관리하는 기관 같은 추상적 시스템을 신용한다. 이러한 추상적 시스템이 발달함에 따라 우리 삶의 가능성은 확대되었고, 한편으로는 우리와 떨어진 먼 땅에서 일어난 일도 즉시 우리의 사생활에 영향을 미치는 새로운 사회문제도 발생했다.

## 재귀성

'시간과 공간의 분리와 공동화'와 사회 시스템의 '탈몰입'에 의해 더 이상 전통은 지침이 되지 못했고, 새로운 정보와 지식이 잇달아 나타났다. 그런데 이런 정보와 지식이 사회적 행위로 환원되고, 그 결과가 다시 정보와 지식에 영향을 미쳤다. 이 순환을 재귀성이라고 한다.

앞에서 접한 '자멸 예언'과 '자기를 실현하는 예언'처럼 사고와 행위가 서로 연쇄되어 있듯 말이다. 이러한 재귀성이 구별 없이 작동하는 것, 즉 제도적 재귀성이 근대의 특질이다.

사회학이라는 지식이 행위자의 해석을 해석하고, 해석의 해석(사회학)이 사회적 현실에 적용됨으로써 행위자의 행위와 해석에 영향을 주는 것을 가리켜 기든즈는 다음과 같이 말하고 있다.

> 사회학적 인식의 발달은 일반 행위자가 갖고 있는 관념에 기생하고 있다. 한편으로 사회과학의 메타언어meta-language[11] 속에서 만들어진 개념은 원래부터 사회과학의

설명 대상이던 행위의 세계 속에 일상적으로 재참여한다. 그러나 이것으로 인해 당장 사회적 세계가 투명하게 보이지는 않는다. 사회학적 지식은 사회생활의 세계에 나선형으로 드나들고 사회학적 지식뿐만 아니라 사회생활의 세계도 이와 같은 재참여 과정에 꼭 필요한 요소가 되어 재구축된다.

그리하여 근대사회의 리스크는 설계 실수 혹은 조작원의 실수라기보다는 시공간의 분리와 공동화, 사회 시스템의 탈몰입, 사회적 지식의 재귀성에 의해 빠르게 그리고 광범위하고 복잡하게 증폭되어 의도하지 않았던 결론이 연이어 나왔기 때문이다. 또 정보와 지식으로 세계의 투명도는 높아졌지만 재귀성 때문에 사회적 세계가 점차 변질되면서 결국은 생각지도 못한 세계가 눈앞에 나타났기 때문이기도 하다.

---

11　대상을 직접 서술하는 언어 그 자체를 다시 표현하는 한 차원 높은 언어.

# 감정노동

The Managed Heart （1983）[12]

: 우리는 모두 감정노동자


## 심하게 말하면 장사할 수 없다

오사카의 한 서점에서 이런 장면을 목격한 적이 있다. 중년 남성이 돌연 점원에게 이렇게 소리쳤다.

"남의 다리는 왜 차는 거야?"

"안 찼는데요."

"무슨 소리야. 찼잖아. 여기 바지 좀 보라고."

"조금 부딪힌 것뿐인데요."

"거봐, 찼잖아. 어서 사과해. 당신 이래서 여기서 장사할 수 있을

---

12  한글판 『감정노동』, 2009, 이매진.

## 26

## 앨리 러셀 혹실드
Arlie Russell Hochschild, 1940~ 미국의 사회학자.

『감정노동』은 현대 미국 노동시장의 3분의 1을 차지하고 있는 감정노동을 철저히 해부한다.

거 같아?"

일본의 상도商道는 단순히 좋은 물건을 싸게 파는 것만을 의미하지 않는다. 물건을 팔 때 손님의 기분을 좋게 만들 것, 조금 더 강하게 표현하자면 손님이 마치 왕이 된 듯한 기분이 들도록 여러 서비스를 부가 제공하는 것까지 의미한다. 앞에서 보인 중년 남성의 "어서 사과해. 당신 이래서 여기서 장사할 수 있을 거 같아?"라고 한 말도 이러한 상업문화를 배경으로 해서 나온 말이다.

물론 지금은 장사가 단순한 물건 교환인 사회가 아니다. 외국에서도 점원이 비싼 물건을 산 손님에게 미소를 짓거나 듣기 좋은 말을 해 기분 좋게 만드는 것을 볼 수 있다. 그렇지만 일본의 경우 전통적으로 상인문화의 핵심은 고객 대접이 얼마나 좋은가였다.

그런데 현재는 특정 직업에서만 이런 상인문화를 볼 수 있는 게 아니다. 점원과 영업사원부터 비행기 승무원, 간호사 등 모든 대인 서비스 직업으로 퍼졌다. 변호사와 의사 같은 전문직업마저도 감정노동 측면을 크게 키우고 있는 상황이다.

## 감정의 상품화

이 책은 타인에 대한 관심과 배려를 근본으로 하는 노동을 '감정노동'이라고 부른다. 현대사회에서 감정노동의 대표적 직업은 미소와 고객에 대한 지속적인 관심이 강하게 요구되는 비행기 승무원이다. 그들은 배식 카트를 미는 육체노동과 비상착륙 때의 정확한 판단 같은 두뇌 노동을 하는 동시에 마음에서 우러나오는 대접을 하고 있다는 분위기를 만들기 위해 자신의 감정을 유발하거나 반대로 억압하는 감정노동자이다.

감정노동이란 다음과 같은 노동이다.

감정노동을 하는 사람은 자신의 감정을 유발하거나 혹은 억압하면서 상대방이 적절한 정신 상태, 즉 화목하고 안전한 장소에서 대접을 받고 있다는 감각을 갖도록 자신의 외견을 유지하지 않으면 안 된다. 이런 노동은 정신과 감정의 협조가 필요하고, 때로는 우리의 인격에서 꼭 필요하고 중요한 것이라 여겨지는 자신의 원천까지 사용한다.

미국에서 감정노동에 종사하는 사람은 전체 노동자의 3분의 1이나 된다. 감정노동은 '감정 표현을 잘하는' 여성에게 적합하다는 성적 편견이 존재하기 때문에 여성 노동자의 절반이 여기에 종사하고 있다. 남성 노동자 역시 4분의 1정도 된다. 예전에는 육체노동이 일반적이었지만 서비스 산업의 확대에 따라 지금은 감정노동이 일반화되었다. 감정이 상품화되고 감정 관리에 의한 행위가 노동으로 팔린다. 감정 조작에 능란한 노동자는 (감정)시장에서 높은 가치가 매겨진다.

우리는 장례식장에서 슬픈 얼굴을 해야 한다는 감정 규칙(감정을 둘러싼 사회적 룰)에 따라 사적으로 감정 관리를 해왔다. 그런데 지금은 기업에 의해 감정의 집중관리가 이루어지고 있는 실정이다.

이 책은 항공사의 승무원 훈련센터 등에서의 참여관찰을 기초로 "열심히 웃는 얼굴을 연습하세요", "어떻게 하면 자신 안의 분노를 없앨 수 있을까요?", "침울해지지 않도록 하세요" 등의 감정교육과 승객으로 가장한 사복 감독관에 의한 근무평정을 통해 이루어지는 감정 관리의 실태를 명확히 밝히고 있다.

육체노동과 두뇌 노동에서 작업이 표준화되고 단순화됨에 따라 의사결정이 기업의 상층부로 집중·독점화되는 현상이 지적되어 왔는데, 같은 일이 감정노동에서도 일어나고 있다. 기업의 상위층에 의해 감정 규칙과 감정 관리의 매뉴얼이 만들어지고 지도되므로 노동자 본인이 감정노동을 스스로 제어하기 어렵게 되었다. 혹실드는 "마르크스와 루소가 만일 지금의 시대에 살았더라면 종업원의 감정이 누구의 자본이고, 누가 그 자본을 움직이며 착취해 어떻게 이윤을 내고 있는지 알고 싶어 할 것이다"라고 말하기도 했다.

감정노동은 연기를 동반하는데 여기에는 '표층연기'와 '심층연기'가 있다. 표층연기는 혼을 다하는 것이 아니다. 미간을 위로 끌어올리거나 입을 가볍게 다물거나 근육을 사용해 분노와 슬픔을 나타내는 정도의 것이다. 이에 반해 심층연기는 모스크바 예술극장의 창설자이고 연출지도로도 유명한 스타니슬랍스키Konstantin Stanislavsky가 펴낸 연기법이다. 슬픈 장면에서는 과거 자신에게 일어났던 슬픈 일을 기억함으로써 감정을 불러일으키는 연기법, 즉 감정 기억을 총동원하는 감정 환기이다. 객실을 마치 자신의 집처럼 생각한다거나 감당이 안 되는 승객을 대할 때 마치 마음에 상처 받은 옛날의 연인이라고 생각해서 승객으로부터 무슨 말을 들어도 변함없이 친절하게 대하는 진실에 아주 가까운 연기가 심층연기이다.

표층연기는 감정과 연기 사이에 틈새가 생기기 때문에 '감정적 불협화'가 일어나기 쉽지만, 심층연기는 둘 사이의 틈새를 없앤 마음의 총동원이기 때문에 감정적 불협화를 해소한다. 혹실드가 조사했던 항공사의 감정 관리는 '마음으로부터 미소 짓는 얼굴'처럼 심층연기에 관계되는 것이 많았다고 한다.

## 진짜 감정 찾기

중류계급은 감정노동에 종사하는 경우가 많았기 때문에 자신의 아이도 작은 감정노동자로 간주해 예의범절을 가르쳤다. 어른은 아이가 자신의 감정을 감정 규칙에 맞게 형성해 가길 바란다. 새 카펫에 잉크를 흘린 아이는 카펫을 망쳤기 때문에 혼나는 것이 아니라 짜증내느라 잉크를 흘렸다고 혼난다. 행동 그 자체보다는 감정과 의사에 대해 칭찬 또는 비난을 하는 것이다.

> 중류계급의 아이들은 어릴 때부터 자신의 감정을 관리하는 것이 얼마나 중요한지를 배운다. 어떤 의미에서 중류계급 교육의 핵심은 벤저민 스포크Benjamin Spock의 『스포크 박사의 육아서』가 아니라 스타니슬랍스키의 『배우수업』에 있다고도 할 수 있다. 우리는 심층연기 기술을 통해 감정을

이용 가능한 도구로 바꾸고 있다.

하지만 이러한 감정 관리가 심층연기에 도달하기까지의 비용과 부작용이 꽤 크다. 왜냐하면 감정에는 프로이트가 말한 '시그널 기능'이 있기 때문이다. 인간은 언제나 자신이 진심으로 무엇을 바라는지, 아니면 바라지 않는지를 자각하고 있지 않다. 감정은 이러한 무의식층을 의식화하기 위한 수고(시그널)인 것이다. 언제나 감정 관리를 통해 감정 컨트롤만 하고 있으면 감정의 시그널 기능이 약해져버린다. 또 꾸며진 감정이 자꾸만 더해질수록 '본래의' 감정 그리고 '자연스러운' 감정 같은 관리되지 않은 감정에 더 많은 가치가 부여되는 경우도 발생한다.

감정노동의 시대이니만큼 '도대체 나는 진심으로 무엇을 느끼고 있는가?'라는 (자신의 진심이 담긴) 감정 찾기가 항상 이루어져야 할 것이다.

# 나 홀로 볼링

Bowling Alone (2000)[13]

: 남에게 인정을 베풀면
 반드시 자기에게 되돌아온다

## 격차사회라기보다는 불신사회

격차사회론은 1998년에 간행된 타치바나키 토시아키橋木俊詔의
『일본의 경제격차』에 의해 대두된 이후로 점차 사회문제가 되더
니 정치적 논쟁까지 된 적 있다. 그런데 생각해 보니 현재의 격차
사회론은 1970년대부터 1980년대의 학력사회론과 너무도 유사
하게 전개되고 있었다.

　당시의 학력사회론은 학력이 사회적 지위 결정에 기여하는 비
율이 높아서 사람들의 하려는 의지를 잃게 만든다고 비판했다. 일

---

13　한글판『나 홀로 볼링: 사회적 커뮤니티의 붕괴와 소생』, 2016, 페이퍼로드.

# 27

로버트 퍼트넘
Robert D. Putnam, 1941~ 미국의 정치학자.

『나 홀로 볼링』은 사회관계자본의 쇠퇴라는 시점에서 미국 사회의 변모를 분석한다.

본 사회가 어느 정도의 학력사회인가에 관해 많은 실증적 연구도
실시되었다. 사람들이 생각하는 것만큼 학력사회가 그리 심하지
않다는 학력사회 허상론이 있는가 하면, 일본 사회는 중병에 걸린
학력사회라고 하는 이론도 있었다. 그런데 이 부분은 격차사회를
고령화라는 인구구조의 변화에 근거를 두고 그 실태가 실은 생각
만큼 심하지 않다는 '경증설'과 격차사회가 아니라 계급사회라고
하는 '중증설'과 닮았다.

　게다가 학력사회론과 격차사회론은 2차 효과마저 서로 닮았다.
학력사회론에서는 학력사회를 긍정하고 있는 게 아니라 옳지 않
다고 보고 있다. 하지만 현실에 이러한 논설이 저널리즘을 통해
퍼지자 사람들은 학력사회에서 살아남기 위한 행위로 분주해졌

다. 학원에 다니고 입시 과열화와 학교 순위 과민병을 만들었다.

격차사회론도 사회문제로 논의될수록 이기적 행동에 박차를 가하는 단점이 발생했다. 격차사회를 볼 수 없다는 사회보장제도 안전망에서의 사람 간 인정과 이타적 행동마저 방해했다.

지금의 사회를 격차사회로만 봐도 괜찮은 걸까? 현재의 격차 중에서 몇 퍼센트가 경감되었으니 사람들의 불만이 몇 퍼센트 줄었다고 할 수 있을까? 격차를 얼마만큼 경감시켰다 하더라도 여전히 격차사회의 불만은 계속 증가될 것이다. 격차 '경감' 사회는 다른 무언가의 표출인 것이다. 그렇다, 지금의 일본은 격차사회라기보다는 '불신사회'이다.

1990년대부터 시작된 정치와 경제, 교육 등의 제도 전반에 대한 불신은 이제 그 수위가 높아져 어디에나 퍼져 있다. 물론 격차사회라는 현실 때문에 이렇게 제도에 대한 불신이 커졌다고 할 수 있겠으나 처음부터 제도 불신이란 배후 감정이 있었기 때문에 격차가 큰 불만이 되었다고도 할 수 있다.

1990년대 중반에 프랜시스 후크야마Francis Fukuyama는 일본을 미국·독일과 나란한 '고'신뢰사회로, 프랑스·이탈리아·중국을 '저'신뢰사회라고 분류했다(『신뢰가 없으면 설 수 없다』). 하지만 후크야마가 이렇게 말했을 때 이미 고신뢰사회인 일본의 붕괴가 시작되고 있었다. 불신은 제도에 대한 것만이 아니었다. 사람과 사람 사이의 신뢰 결여도 나타나고 있었다.

## 사회관계자본

이 책은 이러한 신뢰를 '사회관계자본'이라고 개념화해서 신뢰사회론을 전개한다. 사회관계자본이란 사회적 네트워크와 거기에서 생기는 호보성互報性[14] 그리고 신뢰성의 규범이다.

> 드라이버(물적 자본)와 대학교수(인적 자본)가 생산성을 (개인적이든 집단적이든) 향상시키듯이 사회적 접촉도 이와 동일하게 개인과 집단의 생산성에 영향을 준다. 물적 자본은 물리적 대상을, 인적 자본은 개인의 특성을 가리킨다.
> 사회관계자본이 나타내고 있는 것은 개인 간의 연결, 즉 사회적 네트워크 및 거기에서 생기는 호수성互酬性[15]과 신뢰성이란 규범이다. 이 점에서 사회관계자본은 '시민적 미덕'이라 불려온 것들과 밀접하게 관련된다.

시민적 미덕이 아무리 풍부해도 독립된 인간관계 속에서의 미덕은 아무런 힘이 되지 않는다. 시민적 미덕이 상호 보답하는 네트워크(고高사회관계자본)에 푹 빠져 있을 때야말로 미덕이 강력해진

---

14  남에게 인정을 베풀면 반드시 내게 되돌아온다.
15  서로 보답하는 성질.

다. 사람들이 답례를 반복함으로써 사회적 네트워크가 갱신되고 지속되며 시민적 인프라가 형성되는 것이다.

이 책은 사람들 사이의 호수성(증여의 교환)의 양과 질의 변동 그리고 그 귀결을 전 미국의 각 지역 도서관 등에서 수집한 방대한 데이터를 바탕으로 분석하고 있다. 클린턴 대통령의 일반교서 연설에도 영향을 주었다고 해서 화제가 된 책이다. 그렇다고 사회관계자본이 꾸준히 감소해 왔다는 단순한 향수적 사관을 전개하고 있는 건 아니다. 지역사회의 활동에 참가하는 참가율과 참가 형태에서 시계열時系列[16] 데이터의 철저한 해석을 통해 20세기 초기의 3분의 2는 사회관계자본의 상승기였고, 1970년대부터 쇠약해졌다는 결론을 얻었다. 그럼 왜 그렇게 된 걸까? 설명은 명쾌하다. 사회관계자본의 쇠퇴 원인의 10퍼센트는 맞벌이 가족의 증가와 그에 따른 시간적·금전적 압박 때문이다. 주거의 외곽화에 따른 통근 시간의 증대도 쇠퇴 원인의 10퍼센트를 차지하고, 텔레비전 같은 전자적 오락에 의한 사생활화가 쇠퇴 원인의 25퍼센트를 차지한다. 가장 중요한 요인으로서 세대적 변화도 빼놓지 않고 있다. 시민활동을 활발히 했던 1910~1940년 출생 세대(장기시민세대)가 시민활동에 관심이 없는 그들의 아들과 손자 세대로 바뀌었기 때문이라고 말이다. 이 세대 변화 요인이 사회관계자본 쇠퇴 원

---

[16]  확률적 현상을 관측하여 얻은 값을 시간의 차례대로 늘어놓은 계열.

인의 절반을 차지한다.

## 고高사회관계자본의 효용

미국의 각 주마다 있는 주민 그룹의 수와 봉사활동에 참가하는 평균회수 따위의 몇 가지 지수를 사용해 각 주의 사회관계자본량을 계량했고 사회자본 기상도가 만들어졌다. '고기압' 존은 미시시피, 미주리주 상류를 중심으로 동서로 뻗어서 캐나다 국경을 따라 분포한다. '저기압' 존은 미시시피델타를 중심으로 옛 남부연합을 관통해 동심원상으로 퍼져 있다. 캘리포니아주와 중부 대서양 항만 연안의 여러 주는 '중기압' 지역이다.

계측된 주별 사회관계자본량 데이터를 각 주에서의 생활의 질과 연관시켜 다음과 같은 결론을 얻었다.

- 고사회관계자본 주에서는 아이들도 행복하다.
- 고사회관계자본 주에서는 학교도 그 기능이 잘 이루어지고 있다.
- 고사회관계자본 주에서는 아이들의 텔레비전 시청 시간이 짧다.
- 고사회관계자본 주에서는 폭력범죄가 적다.

- 고사회관계자본 주에서는 호전적이지 않다.
- 고사회관계자본 주에서는 사망률이 낮다.
- 고사회관계자본 주에서는 건강하다.
- 고사회관계자본 주에서는 탈선이 적다.

격차사회 시정을 위한 방법이 소득재분배 같은 경제 문제로만 한정되어서는 안 된다. 사회관계자본을 풍부히 해서 사회 안전망을 만들어야 한다. 사회관계자본이 풍부한 생활을 하는 사람은 트라우마에도 훌륭히 대처할 수 있다. 수면제와 비타민C에만 의존할 게 아니라 고민을 상담할 수 있는 상대가 있기 때문이다. 지역사회와 인연이 있으면 안전성도 높아진다.

이 책은 제목에서도 알 수 있듯이 미국에서 볼링을 즐기는 인구가 증가하고 있음에도 불구하고 리그볼[17]이 줄어든 것에서 사회관계자본의 쇠약을 그리고 있다.

'나 홀로 볼링'은 미국인들에게 쉽게 와닿는 제목일 것이다. 직접적인 참여도가 높은 인기 스포츠이기 때문이다.

---

17  지역 볼링장에 정기적으로 모여 개최하는 팀 대항 경기.

# 위험사회

Risikogesellschaft (1986)[18]

: 글로벌 크라이시스

## 갓난아기의 지옥

필자가 고교 시절까지 살았던 사도시 료츠는 전쟁 전 유아 사망률이 높기로 유명했다. 물론 전쟁 전에는 여기뿐만 아니라 나라 전체가 유아 사망률이 높았다. 1933년의 유아 사망률은 여전히 천 명당 121명꼴로 높았는데, 같은 해 료츠시의 유아 사망률은 216명이나 되었다. 전국 평균의 두 배에 가까웠다. 급기야 '료츠는 갓난아기의 지옥'이라 불릴 지경이 되었다.

유아 사망률이 높은 원인은 가난과 엄마의 가혹한 노동 때문이

---

18 한글판 『위험사회: 새로운 근대성을 향하여』, 1997, 새물결.

# 28

울리히 벡
Ulrich Beck, 1944~2015  독일의 사회학자.

『위험사회』는 현대사회를 근대화로 인해 발생된 위험사회라 보고 위험의 구조를 분석한다.

기도 했지만, 부모의 위생지식 부족이 더 컸다. 소아과 의사를 비롯한 지역의 행정가는 미래의 엄마가 될 여성의 교육이 무엇보다 중요하다고 인식했다. 이에 1946년 5월, 료츠고등여학교가 개교했고 나중에 신식 료츠고등학교로 바뀌었다.

고등여학교가 생긴 지 7년, 신식 고등학교로 바뀐 지 5년째 되던 해에 유아 사망률이 전국 평균 수준으로 내려갔다. 이후에는 지역 어머니들을 학교로 초대해 신생아와 영유아의 건강검진과 육아 지도를 실시했다. 사람들이 기대했던 교육의 성과가 크게 나타났다.

## 단순한 근대와 재귀적 근대

높은 유아 사망률이라는 위험은 무지와 위생 기술의 부재 같은 근대화의 부족에 기인한다. 이러한 초기적 산업사회는 전통사회의 위험을 근대화(교육과 위생설비 등의 개선)함으로써 그 위험을 제거하기 위해 고군분투했다. 하지만 지금 우리가 직면하고 있는 지구 온난화와 방사능 오염 같은 위험은 전통사회에 원인이 있지 않다. 이것은 근대화가 가져온 재앙이다. 부를 낳고 쾌적한 생활의 원천으로 각광받던 원자력과 화학, 유전자 공학이 오히려 위험의 발생원이 돼버렸다.

『위험사회』의 앞부분에서 예로 든 사례로 말하자면, 당시(초기 산업사회)의 사람들은 무지라는 전통사회의 불행을 교육의 보급(근대화)을 통해 퇴치하려 했다. 그러나 현재 일어나고 있는 등교 거부 문제와 자퇴 문제, 수업 거부는 근대화가 만들어낸 교육 과잉이 낳은 병이다. 현대사회의 위험은 과잉된 산업생산과 교육생산, 즉 근대화 그 자체에 원인이 있는 것이다. 1986년의 체르노빌 원자력 발전소 사고가 그렇듯 위험의 범위 자체도 초기 산업사회의 그것과 많이 다르다. 국소적인 위험이 아니라 인류의 멸망까지 관련되는 것이다.

그래서 저자는 현대사회를 (초기적) 산업사회 후의 '위험사회'라고 명명했다. 초기적 산업사회는 전통사회에서 산업사회로의 근대화 사회였고 단순한 근대를 목표로 삼았지만, 현대는 재귀적 근대사회라고 말이다. 여기서 '재귀적'이란 '성찰'의 의미보다는 '자신과 대결한다'라는 뜻으로 사용되고 있다.

> 원자력 시대의 위험은 전면적이며 치명적이다. 모든 관계자가 예외 없이 사형집행대로 보내지는 것과 같다. 원자력 오염의 위험성을 고백하는 것은 지역, 국가, 혹은 대륙 전 영역에서 도망갈 곳이 없음을 고백하는 것과 같다. 우리가 위험을 인지하면 더 이상 살아남을 수 없다. 이러한 위험이 갖는 숙명적 특질은 충격적이란 것이다. 이것은 측정치라든가 한계치라든가, 장·단기적 결과 등에 관한 논쟁마저 일찌감치 그 가치를 잃게 만든다.

게다가 지금까지 있었던 위험은 악취나 신체의 이상처럼 직접적으로 경험되었지만, 앞으로는 방사능이나 다이옥신처럼 단순한 감각으로는 알아차릴 수 없고 이론이나 실험, 측정기구 같은 과학의 지각기관에 의존해야 한다. 과학은 계측할 수 없는 위험을 낳았기 때문에 지금까지 갖고 있던 후광을 상실했지만, 그럼에도 불구하고 위험을 지각하기 위해 다시 과학이 필수불가결해진 것이다. 이렇게 과학은 양의성을 갖고 있다. 단순한 근대에서 재귀적 근대로의 변화와 병행해 단순한 과학화에서 재귀적 과학화의 시대가

된 것이다.

하지만 위험사회의 대결을 과학자라는 전문가 집단에만 맡겨두면 더 이상 손 쓸 수 없는 연쇄적인 현상도 생길 수 있다. 화학 산업은 유해한 폐기물을 만드는데 그 해결법은 폐기물 집적장을 만드는 것이다. 그 결과 폐기물은 지하수 오염이라는 문제를 낳고, 지하수 오염 문제는 음료수 소독제를 생산하는 화학 산업을 다시 필요로 한다. 게다가 그 소독제가 인간 건강을 위협하기 때문에 의약품도 개발된다. 하지만 여기에도 의약품의 부작용이 문제가 된다. 이 모습은 문제의 해결이 다시 문제가 되는 연쇄 사슬을 보여주고 있다. 또 약품 피해를 의사나 약제 제조 전문가에게만 맡겨두면 이들이 재판관의 역할까지 하려들지도 모른다.

그러므로 벡은 '과학적 합리성'과 '사회적 합리성'이 서로 마주보게 하는 것, 즉 전문주의에서 벗어나 탈전문화와 초전문화가 필요하다고 말한다. 위험의 미래는 예측하기 어렵고, 위험의 범위는 전문 영역을 넘어서는 것이다. 과학자 간의 이해관계 개입도 피하기 어려울 뿐 아니라, 과학자라는 전문가 집단에 의한 위험 정의만 갖고는 설득력도 부족하다. 무엇이 위험한가, 어떻게 하면 좋은가에 대해서는 전문가 외에 이에 대립되는 전문가나 저널리스트, 비전문가의 의견이 반영되어야 한다.

사람들 사이에 불안이 퍼지면서 위험의 사회적 정의를 놓고 투쟁도 심해졌다. 그렇다고 여기서 혼미와 비관만 봐선 안 된다. 위험의 사회적 정의에 많은 사람들이 참가함으로써 환경보호운동 등이 활발히 이루어져야 하고, 사람들이 연대하는 계기가 되어야 한다.

## 서브sub정치

서브정치도 활성화될 것이다. 여기서 말하는 서브정치란 근대사회 때는 정치 영역이라고 여겨지지 않았던 기술(경제)의 영역이 정치의 무대가 됨을 말한다. 원래 근대사회에서의 기술은 정치의 관할 밖에 있었기 때문에 행정과 비교해도 기술은 혁신을 향해 자유롭게 나아갈 수 있었다. 왜냐하면 기술이 진보신앙[19]이라는 굳건한 지지가 있었기 때문이다. 하지만 지금은 전자공학도, 원자로 기술도, 인간 유전학도 위험을 내포하고 있다. 또 기업의 투자 결정에 따른 사회 변화도 눈에 보이지 않는 큰 부작용을 일으킬 수 있다. 이런 이유로 비정치 영역이던 기술 영역이 새로운 정치의 무대로 주목받기 시작했다.

　　　기술(경제) 진보라는 비정치는 스스로가 그 행동을 정당

---

19　내용을 이해하지 않아도 찬성하는 것.

화해야 하는 서브정치로 모습을 바꾸었다.

지금의 속도대로 이산화탄소 배출량을 늘리면 21세기 말에는 기온은 평균 3도, 해수면은 0.6미터 상승할 것이라는 예측이 있다. '지속가능한 사회'와 '지속가능한 발전', 미래 세대의 욕구충족 능력을 망가뜨리지 않으면서 현재 세대의 욕구를 충족시킬 발전이 초미의 과제가 되었다. 이 책이 이러한 인류 위기로부터의 구조라는 난제를 풀어낼 아리아드네의 실[20]까지는 되기 어려울지 몰라도 큰 도움은 될 것이다.

---

**20** 그리스 크레타 섬의 괴물을 처치하기 위해 미궁 속으로 들어간 테세우스에게 미노스 왕의 딸인 아리아드네가 실뭉치를 주어 미궁에서 빠져나올 수 있게 한 전설에서 온 말로, 어려운 문제에 대해 유력한 암시를 주는 것을 비유한다.

사회학
베스트
30

나카야마 시게루

피에르 부르디외·로이크 와캉

# 7

학문의
사회학

# 역사로서의 학문

歷史としての學問 (1974)

: 학문·대학·문명

## 네 글자 이상의 학문

일본 대학의 학부명은 '법'학부나 '공'학부처럼 처음에는 한 글자였다가 다이쇼시대에 '경제'학부가 생기면서 두 글자가 나타났다. 그러므로 예전에 봤던 '정치경제'학부 혹은 '수의축생'학부 같은 네 글자 학부는 유난히 긴 이름이었다. 30년 쯤 전에 조사해 봤더니 네 글자 학부는 전체의 2퍼센트에 지나지 않았고, 다섯 글자 학부('인문사회과'학부)는 딱 하나 있을 뿐이었다.

그런데 지금은 네 글자 학부에서 나아가 '국제문화교류'학부나 '정보사회정책'학부처럼 여섯 글자 학부도 낯설지 않다. '이문화 커뮤니케이션'학부처럼 외래어와 한자가 섞인 다문자 학부도 있

## 29

### 나카야마 시게루

中山 茂, 1928~2014  일본의 과학사科學史가.

『역사로서의 학문』은 쿤의 패러다임 개념을 바탕으로 한 동서를 아우르는 학문·문명론이다.

다. 네 글자 학부뿐만 아니라 여섯 글자 이상의 학부, 외래어가 함께 쓰인 학부가 점점 늘고 있는 것이다. 이뿐만이 아니다. 같은 대학의 학부명과 학과명이 몇 년 새 계속 바뀌고 있는 것도 요즘 대학의 사정이다. 학부명·학과명 개칭이 출산율 저하로 점점 줄어드는 학생을 한 명이라도 더 모으기 위한 교육지책에서 나왔을 테지만, 한 글자 학부로 대표되는 전통적 학문의 존재 의의가 흔들리고 있기 때문에 개칭이 더 쉽게 일어난다고 생각한다. 이런 상황일수록 역사 속에서 학문과 대학의 발자취를 아는 것이 중요하다.

## 패러다임·통상通常과학·과학혁명

저자는 젊은 시절 하버드대에서 공부했는데 그때 과학사가 토머스 쿤Thomas Kuhn의 가르침을 받았다. 쿤의 명저인 『과학혁명의 구조The Structure of Scientific Revolutions』를 번역해 일본에 '패러다임'과 '통상과학'이라는 용어를 유통시켰다는 공적도 갖고 있다. 이 책은 쿤의 『과학혁명의 구조』를 초고로 하면서도 쿤보다 훨씬 큰 스케일로 유사 이래 동서 학문의 사회사를 논하고 있다.

패러다임이란 일반적으로 인정되던 과학적 업적으로, 잠시 동안이나마 전문가 사이에서 질문 방법과 해결법의 모델이 되어 주는 것을 말한다. 아리스토텔레스의 『피지카physica』[1]와 뉴턴의 『프린키피아Principia』[2] 등이 패러다임의 예이다. 넓은 의미에서 마르크스주의와 역사가의 사관 등도 패러다임이라 할 수 있다. 사회학으로 말하자면 기능주의 이론이 패러다임과 가깝다.

하나의 패러다임에 맞춰 과학자가 실시하는 연구가 '통상과학'이다. '수소'에서 원소에 관한 획기적인 연구 방법이 발견되면 그것이 바탕(패러다임)이 되어 '헬륨' 같은 다른 원소에 관한 것도 해결된다는 것이 통상과학이다. 통상과학은 이미 정해진 노선 옆에

---

1  아리스토텔레스의 자연학에 관한 저작 전체의 총칭.
2  뉴턴이 1687년 출판한 저서로 만유인력의 원리를 처음으로 세상에 널리 알린 것으로 유명하다.

새로운 지식 정보를 누적하고 추가해 가기 때문에 '퍼즐 해독 과학'이라고도 할 수 있다.

그런데 기존의 패러다임에 맞춘 퍼즐 해독으로는 설명할 수 없는 현상이 나타나기 시작했다. 이에 통상과학에 위험이 찾아왔고 논쟁이 일어났다. 지금까지의 패러다임이 기각되고 새로운 패러다임이 그 자리를 대신했다. 이것이 '과학혁명'이다. 고전물리학에 대해서는 양자역학이, 뉴턴역학에 대해서는 상대성이론이 과학혁명의 소산이다.

통상과학이 탄생하기 전에는 제자백가의 학문처럼 무정부 상태였지만 그 속에서도 아리스토텔레스나 공자 같은 패러다임적 인물이 존재했다. 그러나 이것만으로는 지속될 수 없었다. 왜냐하면 패러다임에는 뛰어난 선생의 뒤를 이를 훌륭한 제자, 즉 지속자 집단이 필요하기 때문이다. 이 훌륭한 제자들은 선생의 패러다임을 정비해 경전화(교과서화)한다. 패러다임을 습득해 퍼즐 해독을 한 사람들은 과학기술자나 대학교수가 되면서 직업 집단화를 이루었고, 나아가 제자 교육을 통해 구성원의 재생산 기구도 정비했다. 이것이 통상과학의 제도화이다.

이렇듯 통상과학에 의한 과학과 학문의 제도화는 서양의 경우 아카데미에서 이루어지다가 대학이 제도적 과학(학문)의 전당이 된다. 19세기 독일의 대학은 교육과 연구의 일치라는 훔볼트 이념의 전형적인 모습을 띠었다. 그러나 19세기 말이 되자 연구의 제1선과 중등교육 수료학생과의 지적 간극이 크게 벌어졌고, 교사와 학생도 훔볼트 이념을 더 이상 유지하기 어려웠다. 그리하여 이렇게 제도화된 학문의 전당은 미국의 대학원으로 옮겨가게 된다.

미국의 대학원은 교육과 연구의 일치라는 점에서는 19세기 독일의 대학과 닮았지만 내용 면은 상당히 다르다. 독일 대학에서는 학습의 자유가 바탕이 되어 학생에게 수강의 자유가 주어졌지만, 미국의 대학원은 자유를 희생한 훈련에 중점을 두었기 때문이다. 통상과학에 관한 지식의 깊이가 깊어졌기 때문에 주입식 교육의 필요성이 커진 것이다.

대학과 대학원에서 생산된 많은 과학기술자와 연구자는 대학 외에 중등학교 교원으로 대거 진출하기도 했고, 점차 관료계와 산업계까지 나아가 그 입지를 확고히 다졌다. 지금은 관청과 기업에도 과학기술자가 많이 있고, 경제학자 역시 대학뿐만이 아니라 관청과 기업에도 있다. 그러므로 대학·관청·기업의 세 곳이 연구를 실시하는 장소가 되었다. 다시 말하자면, 대학 연구와 관청 연구 그리고 기업 연구가 서로 마주 보고 서 있는 형태이다.

연구와 학문이 아카데미를 중심으로 하는 아마추어의 활동이 아니라 대학과 연구소처럼 조직화되고 과학기술자와 대학교수처럼 전문직화가 되면 새로운 문제가 생긴다.

전문직업화가 성립되면 그들은 직접 사회에 호소할 필요가 없어진다. 전문가 속에서 인정받기만 하면 되기 때문이다. 전문직업화된 집단 속에서 인정받으려면 다른 전문가의 뜻에 부합되는 일만 하면 된다. (중략) 이런 입장을 자기 변호하기 위해 이들 학문적 직업집단이 주장하는 슬로건이 바로 '학문을 위한 학문', '과학을 위한 과학'인데 이것은 19세기 독일 대학에서 볼 수 있던 것과 관련 있다. (중략) 19세기 아마추어 과학자의 경우 흥미도 떨어지고 더 이상 아이디어도 안 떠오를 땐 그냥 그 학문을 그만두면 됐다. 하지만 지금처럼 직업화된 연구자 집단 및 그 속의 구성원은 아이디어를 만드는 활력을 잃어버리게 되더라도 직업인으로서 연구자의 지위에 머무르고 그 조직을 지키며, 때로는 그러기 위해 후속 아이디어를 억압하기도 한다. 그러나 내부에서 아이디어 생산이 멈춘 개인 혹은 조직은 공동화된 채 껍질만 유지하는 것과 같다.

과학혁명처럼 도전적인 연구의 발목을 잡는 세력은 외부에도 존재하지만, 그것 이상으로 연구소와 대학 같은 학문과 연구를 위한 전문화된 제도 속에도 구조적으로 뿌리 깊게 존재한다.

## 패러다임 수입사회

일반적으로 패러다임은 '패러다임의 발생 → 지지자 집단의 형성 → 제도화'의 경로로 진행되지만 일본과 같은 과학 후진국은 만들 어진 학문을 수입해야 했기 때문에 제도가 우선되었고, 직업 집단 을 인공적으로 배양해야 했다. 불상을 먼저 만들고 나중에 혼을 불 어넣는 방식이던 것이다.

메이지시대, 과학의 제도화를 위해 정부가 크게 개입하여 대학 같은 수용자(제도)를 먼저 만들었고, 그 뒤에 학문 집단이 형성되 었다. 학회보다는 대학과 학과가 먼저 만들어졌기 때문에 학자의 교류는 대학 간이나 학과 간에 횡단적(보편주의적)이 되기 어려웠 다. 그것보다는 대학과 학과의 상하관계 속에서의 동창회적·길드 적 성격(개별주의)이 짙었다. 나카야마는 과학사에 뜻을 세운 동기 에 관해 다음과 같이 적고 있다.

내가 과학사에 뜻을 둔 계기는 내 주변을 둘러보고 '도대 체 이것이 지적 창조의 조건인가? 일본의 학문은 이런 분 위기밖에 안 되는가?'라는 소박한 의문을 품었던 데서 시 작된다. 봉쇄된 인간관계 속에서 바다 저편에서 온 패러다 임과 선인의 유훈을 말없이 지키고, 만일 상대가 어떤 위화 감을 품으면 스스로 자신이 잘못했다면서 부지런히 기존의 것에 자신을 맞추려고 하는 것이다. 만일 이렇게 할 수 없으면 과학자로서 낙제라는 사회적인 낙인이 찍혔다.

저자가 이렇게 기록한 지도 30년이 훨씬 지났다. 과연 일본 학문의 현재는 이런 갑갑한 상태에서 벗어났다고 할 수 있을까.

# 성찰적 사회학으로의 초대

An Invitation to Reflexive Sociology （1992）[3]

: 학문적 오류 추론을 공격하라

## 포스트구조주의

레비스트로스Claude Levi-Strauss가 『야생의 사고La Pensee sauva-ge』[4]의 최종장 「역사와 변증법」에서 장 폴 사르트르Jean Paul Sartre 를 통렬히 비판한 것이 1962년이었다. 이로써 실존주의적 철학에 대항해 주체를 구조의 담당자로 보는 구조주의가 선언되었다.

한편 부르디외는 그보다 조금 나이 어린 세대인 만큼 구조주의 와 어느 정도 거리를 둘 수 있는 위치에 있었다. 그는 고향인 당겡

---

3  한글판 『성찰적 사회학으로의 초대』, 2015, 그린비.
4  한글판 『야생의 사고』, 1996, 한길사.

# 30

피에르 부르디외
Pierre Bourdieu, 1930~2002 프랑스의 사회학자.

로이크 와캉
Loïc Wacquant, 1960~ 미국의 사회학자.

『성찰적 사회학으로의 초대』는 사회학과 사회학자 자체를 논의의 대상으로 삼는다.

에서 필드 워크를 통해 사람들의 혼인 실천이 구조주의가 주장하는 것처럼 규칙을 무의식적으로 되풀이하는 것이 아니라 독자적인 혼인 전략에 근거하고 있음을 발견했다.

혼인 전략이란 사람들이 상속법 같은 혼인 규칙의 범위 속에서 연상인가 연하인가, 능력이 좋은가 아닌가 같은 '갖고 있는 패'를 고려하면서 될 수 있으면 좋은 상대방을 선택해 혼인하려는 것에 주목하면서 만들어진 개념이다. 구조주의가 행위자를 구조의 부대 현상으로 삼은 것에 반해 부르디외는 실천 감각과 전략의 개념으로 행위자(주체)를 구조에 집어넣는 사회이론을 구축했다.

주관주의(주체의 철학)와 객관주의(구조주의)를 통합한 사회분석(포스트구조주의)에 필요한 방법 개념이 바로 실천 감각과 전략의

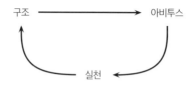

**최소한의 부르디외 모델**

출처: Harker, R., "On Reproduction, Habitus and Education." British Journal of
Sociology of Education.5(2). 1984

생성 원리를 말하는 아비투스이다. 아비투스란 태도와 자세를 의미하는 아리스토텔레스의 '헥시스hexis' 개념을 스콜라 철학자가 라틴어로 번역한 것이다. 마르셀 모스Marcel Mauss와 에밀 뒤르켐이 사회적으로 형성된 습관이란 의미로 이미 사용했지만, 부르디외가 좀 더 세련된 개념으로 바꾸었다.

아비투스란 사회적 출신과 교육 같은 객관적 구조로 규정된 실천 감각인 습관이나 체질이다. 그런 만큼 아비투스는 객관적 사회 구조의 내재화(심적 구조화), 즉 구조화된 구조이다. 그런데 아비투스는 각각의 실천을 임기응변적으로 생성하고 조직하는 심적心的 시스템도 되기 때문에 구조화한 구조이기도 하다. 그런 의미에서 부르디외의 사회이론은 '생성적 구조주의'라고도 부른다.

16에서 접한 문화자본 등의 자본 운용의 재주와 지각이 바로 이 아비투스이다. 구조주의자는 '구조 → 실천 → 구조'라는 도식을 그렸지만, 부르디외는 이러한 구조로 규정되면서도 독자직 실천 감각으로 개별 실천을 생산하는 아비투스 개념을 매개항媒介項[5]으로 삼았다. 구조 → 아비투스 → 실천 → 구조(왼쪽 그림 참조)처럼 구조의 재생산과 변동의 사고틀을 생각해 낸 것이다.

## 사회학의 사회학

이 책은 부르디외의 수업에 몰래 들어가 수강한 뒤에 사회학에 완전히 매료된 이후로 미국에서 활약하고 있는 사회학자 와캉과 부르디외가 만든 합작품이다. 와캉이 질문을 하고 부르디외가 대답하는 사회학 라이브(2부 재귀적 사회학의 목적)도 실려 있다.

이 책의 특징은 사회학이 객관성에 가까이 다가가기 위해 필요한 자성성自省性에 초점을 두고 있다는 점이다. 사회학은 사람들의 실천 조건이 되는 사회적 요인을 탐색하는 것이다. 그렇다면 이것과 똑같이 관찰자(사회학자)의 사회학적 실천도 자성되어야 마땅하다. 그러므로 사회학의 시선인 객관화된 계획을 객관화해야 하고, 사회학자라는 객관화된 주체를 객관화해야 한다. 이 자성적인 과정이 사회학의 사회학이다. 사회학의 사회학은 술에 취해 떠

---

5    어떤 사물이 존재할 조건이 되는 것을 일컫는 철학 용어.

들고 노는 난잡함이 아니라 사회학의 객관성을 높이기 위해 반드시 필요한 작업이다.

우선 연구자가 연구 대상에게 갖는 왜곡에서 자성이 일어나야 한다. 왜곡 중의 하나는 연구자 개인의 사회적 출신에 기인한다. 연구자의 계급과 성 등이 편향 프리즘으로 작동되기 때문이다. 이 점은 이미 마르크스 등에 의해 지적되어 왔기 때문에 비교적 자각하기 쉬운 왜곡이다.

두 번째는 부르디외에 의해 명시된 것인데, 사회적 출신처럼 연구자의 사회 속에서의 지위 때문에 일어나는 왜곡이 아니라 권력의 장에서의 학문의 지위, 학문계 전체 속에서 개별 학문의 지위(위신), 개별 학문계에서의 연구자의 지위에 따른 왜곡이다. 권력의 장에 가까운 의학·법학과 권력의 장에서 먼 문학·사회학은 탐구 대상의 측면에서 크게 차이가 난다. 또 사회학이든, 경제학이든, 연구자가 개별 학문계의 중심부에 있는가 아니면 주변부에 있는가에 따라 사용 전략이 달라지기 때문에, 결과적으로 연구 대상의 선택과 분석에 그 영향이 나타난다. 중심부의 학자(예비군)는 권력에 순종하면서 한 발 한 발 출세하는 '견실한 전략(계승 전략)'을 취하기 쉽다. 통상과학풍의 창조성인 것이다. 반면 주변부의 학자(예비군)는 '화려한 성공 전략(전복 전략)'을 취하기 쉽다. 부르디외가 강조하는 것은 연구자의 학문계에서의 위치가 연구에 반영된다는 사실을 자각하라는 것이다.

자성이 가장 중요한 대상은 '지성중심주의의 오류'이다. 학자의 시점에서 실시된 관찰의 결과를 연구 대상인 행위자의 머릿속에 심어 넣는 오류를 말한다. 실천적 논리에 인식적 결단을 내려버려 실천적 논리를 이론적 논리로 바꿔버리는 오류이다. 문제는 관찰과 분석이 실천에서 멀리 떨어진 채 행해지기 때문에 앞에서 다룬 제1왜곡과 제2왜곡보다 훨씬 심각하다는 점이다.

　부르디외는 합리적 행위이론, 즉 사회적 행위를 행위자의 공리적인 비용·수익 계산에 근거해 전개하는 행위론을 방법으로 삼고는 다음과 같이 말했다.

> 　철학이나 사회과학이 실천을 파악한 후에는 무기력해지는 이유는 (중략) 실천에 대한 학자적 사고가 실천의 내측에서 그 행동에 대한 학자 특유의 관계를 갖고 있기 때문이다. (중략) 이러한 지성중심주의 오류의 전형이라 할 수 있는 것이 합리적 행위이론이다. 합리적 행위이론은 초합리주의적인 행위모델을 실체화해서 그 모델을 당사자의 사고 속으로 집어넣고, 그럼으로써 당사자의 행위에 내재된 현실의 실천적 합리성 탐구를 사전에 막아버린다.

　앞에서 다뤘던 레비스트로스의 친족과 사회 연구는 실천을 구조의 반영이라 봄으로써 학자유의學者流儀[6]의 실천 인식이 사람들의 실천을 통해 반복된다고 봤지만 부르디외는 실천을 이끌고 있는 원리는 '규칙'이 아니라 '전략'이라고 단정했다.


## 학문계에 가득 찬 잘못된 견해에 대한 자성

부르디외는 알제리를 필드로 한 인류학 연구부터 시작해 곧 프랑스의 교육제도와 고등교육을 연구했고 『재생산La Reproduction』[7]과 『호모 아카데미쿠스Homo Academicus』[8] 등을 정리했다. 이러한 과정은 단순히 연구 대상의 전환을 의미하는 게 아니다. 교육제도야말로 무엇이 알아둘 가치가 있는지, 또 알기 위해서 어떤 방법이 정당한지를 정의한 장치이다. 그러므로 부르디외는 학문유의流議와 사회학의 시선을 문제시했기 때문에 학자유의의 인식을 강요하는 학문 생산의 장과 교육을 당연히 그 대상으로 삼은 것이다. 학문계 특유의 엄격한 실증주의자를 두고 부르디외는 이렇게 단언했다.

　　대학계에서 강요된 것을 자신의 장점으로 바꿈으로써 과

---

6　지엽적 이론, 속세의 이론.
7　한글판 『재생산: 교육체계 이론을 위한 요소들』, 2000, 동문선.
8　한글판 『호모 아카데미쿠스』, 2005, 동문선.

> 학적 대담함을 가진 어떠한 형식에도 반대하고, 실증주의
> 적 엄격함으로 포장한 소심한 신중함에 언제나 높은 가치
> 를 주는 억지 과학관이다.

이렇게 억지 부리는 '실증주의적 엄격함'은 학자의 관료화와 학문의 관료제화를 상징한다. 학회지에 발표되는 논문은 학회문법을 따랐기 때문에 세련되긴 하지만, 지적 흥분을 동반하긴 어렵다. 하지만 전략적인 문제 제기형 논문은 게재 자체가 거부되기 쉽다. 논문 심사자들이 학술적이지 않다는 이유를 대기 때문이다. 세련된 학문이란 미명하에 가장 중요한 지知가 관료제화되고 있는 것이다.

인문·사회과학이 속세와 떨어진 것처럼 여겨지는 이유는 많은 사람들이 학자유의의 인지가 생활인의 실천 논리와 동떨어진, 그야말로 이론적 이론이라고 생각하기 때문이다. 이 좁고 험난한 길을 헤쳐 나가기 위해서는 마치 다른 사람과 사회를 겉모습부터 인식하는 것처럼 자기 자신과 인식의 틀(전문)을 철저히 객관화해야 한다. 만하임도 『이데올로기와 유토피아』에서 이렇게 말하고 있다.

> 전체적 이데올로기 개념을 보편적으로 파악하기 위해서
> 는 적의 입장에서만이 아니라 원리상 모든 입장을, 즉 자기

자신의 입장까지도 이데올로기로 볼 용기가 있어야 한다.

그러기 위해서 부르디외가 "찾아내야 하는 것은 연구자의 개인적 무의지가 아니라 그 연구 분야의 인식론적 무의지이다"라고 말한 것처럼 성찰적 학문 아비투스의 연마와 제도화가 필요하다. 설령 그러한 시도가 학문계를 성역화하고 특권화하는 학자 자집단 중심주의를 뒤엎어 그들을 분노케 하고 그로 인해 자신이 소외당하더라도 말이다.

- 칼 마르크스 독일 ———————————— 1818~1883
- 프리드리히 엥겔스 독일 ——————— 1820~1895
- 에밀 뒤르켐 프랑스 ————————— 1858~1917
- 게오르그 짐멜 독일 ————————— 1858~1918
- 막스 베버 독일 —————————————— 1864~1920
- 호세 오르테가 이 가세트 스페인 ———— 1883~1955
- 칼 만하임 헝가리 → 독일 ——————— 1893~1947
- 노르베르트 엘리아스 독일 —————— 1897~1990
- 히메오카 츠토무 일본 ———————— 1907~1970
- 데이비드 리스먼 미국 ———————— 1909~2002
- 마셜 맥루한 캐나다 ————————— 1911~1980
- 해럴드 가핑클 미국 ————————— 1917~2011
- 사쿠다 케이이치 일본 ———————— 1922~2016
- 어빙 고프먼 미국 —————————— 1922~1982
- 미셸 푸코 프랑스 —————————— 1926~1984

- 이반 일리히 오스트리아 ──────────── 1926~2002
- 토머스 루크먼 독일 ──────────── 1927~2016
- 나카야마 시게루 일본 ──────────── 1928~2014
- 피터 버거 오스트리아 → 미국 ──────────── 1929~2017
- 위르겐 하버마스 독일 ──────────── 1929~
- 장 보드리야르 프랑스 ──────────── 1929~2007
- 피에르 부르디외 프랑스 ──────────── 1930~2002
- 베네딕트 앤더슨 영국 → 미국 ──────────── 1936~2015
- 앤서니 기든스 영국 ──────────── 1938~
- 앨리 러셀 혹실드 미국 ──────────── 1940~
- 랜달 콜린스 미국 ──────────── 1941~
- 로버트 퍼트넘 미국 ──────────── 1941~
- 울리히 벡 독일 ──────────── 1944~2015
- 폴 윌리스 영국 ──────────── 1945~
- 우에노 치즈코 일본 ──────────── 1948~
- 로이크 와캉 미국 ──────────── 1960~